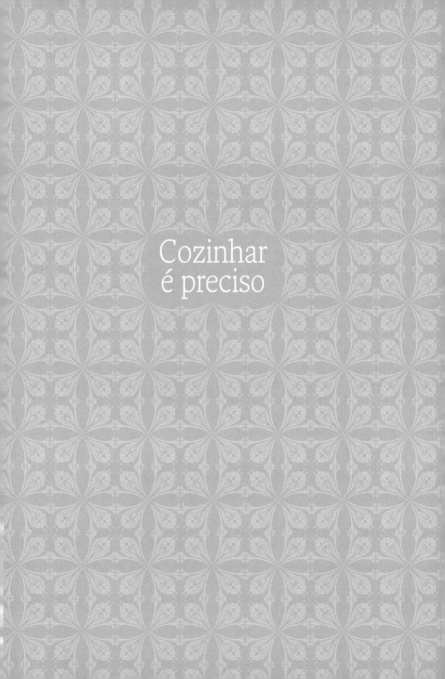

Cozinhar é preciso

Cozinhar é preciso

*A história e as receitas
portuguesas de
Henriqueta Henriques
e da Gruta
de Santo Antônio*
4ª edição

Editora Senac Rio – Rio de Janeiro – 2024

Cozinhar é preciso: a história e as receitas portuguesas de Henriqueta Henriques e da Gruta de Santo Antônio © Henriqueta Henriques, 2008.

Direitos desta edição reservados ao Serviço Nacional de Aprendizagem Comercial – Administração Regional do Rio de Janeiro.

Vedada, nos termos da lei, a reprodução total ou parcial deste livro.

SENAC RJ

PRESIDENTE DO CONSELHO REGIONAL
Antonio Florencio de Queiroz Junior

DIRETOR REGIONAL
Sergio Arthur Ribeiro da Costa

DIRETOR DE OPERAÇÕES COMPARTILHADAS
Pedro Paulo Vieira de Mello Teixeira

DIRETORA ADMINISTRATIVO-FINANCEIRA
Jussara Alvares Duarte

ASSESSOR DE INOVAÇÃO E PRODUTOS
Claudio Tangari

EDITORA SENAC RIO
Rua Pompeu Loureiro, 45/11º andar
Copacabana – Rio de Janeiro
CEP: 22061-000 – RJ
comercial.editora@rj.senac.br
editora@rj.senac.br
www.rj.senac.br/editora

GERENTE/PUBLISHER: Daniele Paraiso
COORDENAÇÃO EDITORIAL: Cláudia Amorim
PROSPECÇÃO: Manuela Soares
COORDENAÇÃO ADMINISTRATIVA: Alessandra Almeida
COORDENAÇÃO COMERCIAL: Alexandre Martins
PRODUÇÃO EDITORIAL: Cláudia Amorim, Gypsi Canetti e Jacqueline Gutierrez
ENTREVISTAS: Fernanda Menegotto
PROJETO GRÁFICO (CAPA E MIOLO) E ILUSTRAÇÕES: Mila Waldeck
PRODUÇÃO DAS FOTOS: Maria Luiza Ferrari e Maria Clara Ferrari (assistente)
FOTOS COLORIDAS: Alexander Landau
FOTOS P&B: Acervo de família
REVISÃO: Isabella Leal e Maria da Glória Carvalho
DIAGRAMAÇÃO E TRATAMENTO DE IMAGENS: Ô de Casa
IMPRESSÃO: Coan Indústria Gráfica Ltda.
REIMPRESSÃO DA 4ª EDIÇÃO: julho de 2024.

Os objetos usados nas fotos das receitas foram gentilmente cedidos por Roberto Simões, Tutto per la Casa, Cerâmica Luiz Salvador, Rachel Presentes e Porcelana Vista Alegre/Brasil.

- A Deus e aos meus pais, pela vida.
- À memória do meu saudoso marido, Agostinho, pai de meus filhos.
- Aos meus filhos, que gostam de mim e gostam de me ver feliz, quando realizados meus sonhos.
- Às minhas noras, que me deram três lindos netos, Matheus, Joaquim José e Isabela Maria, e são minhas amigas.
- Aos meus irmãos, que sempre estiveram presentes nas horas precisas.
- À memória da minha irmã (saudosa Bia), da minha inesquecível cunhada Glória e do meu sobrinho Amílcar.
- À amiga e cunhada Lilita e à amiga de sempre Izilda, pela força sem fronteiras.
- Às minhas sobrinhas e aos meus sobrinhos, que tanto me adoram.
- Aos jovens Maurício e Vitor.
- A alguém muito especial! Tenho de citá-lo porque ele é um exemplo para todos que o conhecem; tenho aprendido muito com ele. Trata-se do dr. William Douglas, que, apesar de muito jovem, está de parabéns: é escritor, juiz... é o máximo.
- Aos profissionais que partilharam comigo o processo desta obra.
- À equipe que trabalha comigo, a todos os funcionários, a minha gratidão.
- Aos Joões, Jubertos, Raimundos, Aloísios, Jorges, Meirelles, Joaquins, Sá Pereiras, Celsos, Manuéis e Manecos, Renatos etc., o meu muito obrigada!

Dona Henriqueta

Esta obra já estava programada há anos.
Foi no outro restaurante, o Dona Henriqueta, quando alguém me apreciou e gostou dos meus quitutes, que se pensou neste livro, que não mais me saiu da cabeça. O tempo passou; a ideia, não. Fui juntando mais experiência, conhecendo mais amigos e inúmeros clientes que, todos juntos, merecem meu apreço. Obrigada de coração.
Meus sonhos são a melhor parte de minha vida: na realização deste, em especial, tenho a oportunidade de dizer quem sou e de onde vim, e de apresentar minha família.

Sumário

Prefácio à 4ª edição   11
por Fabio Codeço

Prefácio à 1ª edição   17
por Sandra Moreyra

Receitas da aldeia   36

Receitas de Lisboa   60

Primeiras receitas da Gruta   76

Receitas tradicionais e contemporâneas   96

Índice de receitas   125

Prefácio à 4ª edição
Fabio Codeço

Um recanto português em Niterói

Tão logo chega à casa de fachada violeta no bairro da Ponta d'Areia, o cliente é recebido com a calorosa simpatia dos funcionários e os aromas que exalam das fornadas de pão saloio, dos temperos que enriquecem guisados, sopas, bacalhoadas, ou dos tentadores doces conventuais. Um alento e tanto para quem vem de longe! Com quase quatro décadas de funcionamento, a Gruta de Santo Antônio se tornou destino de muitos forasteiros que buscavam uma refeição reconfortante. Lá dentro, o clima de aconchego é reforçado pelas fotos de família e pelos pratos de porcelana que enfeitam as paredes. Tudo conspira para que o comensal se sinta em casa.

    Uma vez acomodado, sugerimos ao cliente começar provando o delicioso pastel de nata de bacalhau. Criação local, trata-se de uma versão salgada da famosa sobremesa. E, já que estamos em uma casa portuguesa, não dá para passar sem um bolinho de bacalhau, ora pois. Eis que ali vem ele recheado de... queijo da Serra da Estrela! Prato principal? Só depois de se deliciar com

Dona Henriqueta e sua equipe da Gruta.

os camarões à Bulhão Pato, graúdos, abraçados por um molho de manteiga, azeite, limão, coentro e alho.

Sem pressa, a tarde (ou a noite, se preferir) segue com fartas porções de bacalhau – as postas mais altas que se podem encontrar por estas bandas – e arroz, acompanhadas de taças de bons vinhos da terrinha. A parte dos doces torna difícil decidir entre pastel de nata, barriguinha de freira e paio fingido, mas o comensal termina a refeição com a certeza de que os melhores momentos da vida residem em torno de uma boa mesa – de preferência portuguesa.

Inaugurado em 1977, o restaurante surgiu com um cardápio simples em uma área residencial da região central de Niterói, longe das áreas mais movimentadas da cidade, como o agitado bairro de Icaraí ou as badaladas orlas de São Francisco e Charitas, mas bem perto do Mercado de São Pedro – o entreposto pesqueiro da cidade –, o que garante aos Henriques as melhores iguarias do mar. Mesmo escondida, esta casa portuguesa (com certeza!) acabou entrando na rota de gourmets em visita à cidade. Ou, melhor, transformou-se em um destino turístico tão importante quanto o famoso Museu de Arte Contemporânea (MAC), também em Niterói. Referência em cozinha lusitana até mesmo para moradores da capital, o restaurante é frequentado por gente de gosto refinado e versada nos segredos das panelas, como os empresários Boni e Ricardo Amaral, a apresentadora Fátima Bernardes, o novelista Aguinaldo Silva e o ator português Paulo Rocha, que se abriga por lá quando quer matar a saudade de casa. Somam-se a essa clientela gerações de chefs de cozinha do calibre de Claude Troisgros, Danio Braga, Roberta Sudbrack, Rafael Costa e Silva, e Ricardo Lapeyre, entre outros. E como um restaurante familiar em Niterói conseguiu tal proeza? Com a convicção, caro leitor, de que comida se faz com amor.

Este livro é um singelo elogio à história da família Henriques e seu recanto que reproduz, deste lado sul do Atlântico, um pouco da cultura lusitana. No prefácio da primeira edição, a saudosa jornalista e cliente fiel Sandra Moreyra (1954-2015) traçou, com suas doces palavras, uma pequena biografia de Dona Henriqueta e contou ainda sobre a criação e a evolução do restaurante ao longo dos anos. Um ótimo aperitivo para as deliciosas receitas vem em seguida... Receitas que alimentaram o sonho da matriarca de manter vivo o negócio da família e ajudaram a construir a fama da Gruta de Santo Antônio. Em 2015, a casa ficou em segundo lugar no ranking dos restaurantes sofisticados do Brasil, eleito pelos usuários do site de viagens TripAdvisor, e quarto lugar no ranking sul-americano.

Desde a publicação da primeira edição, a família cresceu, os clientes aumentaram, vieram todos os quinze prêmios que enfeitam as paredes e o cardápio ganhou novas receitas. Apesar disso, nada mudou em sua essência. Dona Henriqueta continua a bater ponto por lá, supervisionando os trabalhos na cozinha e circulando entre os clientes com seu caminhar manso e seu sorriso afável. Os salões, embora cada vez mais concorridos, continuam lembrando casa de família. Os pratos clássicos não saem de cartaz – ou é briga certa com os clientes – e os preços só assustam os marinheiros de primeira viagem, já que as porções fartas podem ser facilmente partilhadas. E assim será com Alexandre, o filho mais velho, na cozinha, e Marcelo, o mais novo, nos bastidores.

À frente dos fogões, Alexandre trouxe ao cardápio criações mais arrojadas, de forte influência mediterrânea, aproximando-se da cozinha contemporânea mas mantendo o pé na tradição. De sua mente criativa saíram quatro das seis novas receitas que estreiam nesta edição: Atum de Escabeche, Fettuccine de Lagostins, Caldeirada de Frutos do Mar e Cataplana de Cherne com Camarão VG. Dona Henriqueta, por sua vez, entrega de bandeja mais dois preparos de bacalhau: à Zé do Pipo, feito à sua moda, e à Gomes de Sá.

Com o primogênito no leme, o clã abre no Rio de Janeiro o restaurante Filho da Mãe, levando os ensinamentos de Dona Henriqueta e suas deliciosas receitas para mais pertinho dos cariocas. Quer embarcar nessa saborosa aventura com os Henriques? Entre, fique à vontade. A casa é sua.

Dona Henriqueta e sua família.

Prefácio à 1ª edição
Sandra Moreyra

Uma gruta portuguesa

Quem vai à Gruta de Santo Antônio, na Ponta d'Areia, em Niterói, sabe que vai ser recebido como numa casa de família.

Vai dar de cara com o sorriso aberto e a simpatia de Dona Henriqueta, a matriarca dos Henriques. O atendimento caloroso, os perfumes que saem da cozinha aberta, à vista de todos, vão logo atraindo a freguesia. Os sabores na medida para você se deliciar, comer rezando, agradecer de joelhos.

E, se você aprecia os vinhos portugueses, vai descobrir infinitos prazeres nesse restaurante tradicional de Portugal Pequeno. Confie na indicação do Alexandre sobre o vinho a ser tomado. Deixe que Dona Henriqueta o guie pela generosa cozinha portuguesa. No fim de um almoço daqueles sem pressa, ainda há as sobremesas, a doçaria conventual: barriguinhas de freira, pastéis de nata e de Santa Clara, tantas variedades que você vai se sentir literalmente nas nuvens. *Entrou na Gruta, aproveite. Raros lugares o farão se sentir tão bem.*

Este livro é apenas um exemplo do que Dona Henriqueta e seus filhos, Alexandre e Marcelo, construíram com dedicação, estudo e – como diz a matriarca da Gruta – carinho do coração.

18 COZINHAR É PRECISO

No destaque, Dona Henriqueta na terceira série do primário. Montes d'Alcobaça, 1947.

Os Montes d'Alcobaça

O entardecer na terra natal de Dona Henriqueta é um dos mais belos do mundo. Quando o sol se põe em Montes d'Alcobaça, o céu se tinge de rosa, laranja e salmão ao mesmo tempo.

Nessa pequena aldeia na Estremadura, no centro de Portugal, Henriqueta nasceu e viveu até a adolescência. Na casa de fazenda, seu pai, Francisco Rodrigues Franco, uma espécie de engenheiro sem diploma, vivia inventando coisa para fazer e era muito querido pela aldeia.

"Você não acredita nas coisas que ele fazia: imitava os grandes inventores da época só com base em sua intuição. E quando fazia algo oneroso, cobrava sempre muito pouco. Era muito generoso. Seu apelido acabou sendo Maravilha; de tanto que ele inventou coisas, a aldeia inteira o chamava assim. Fazia brinquedos, relógios, bicicletas especiais, até um abridor de latas elétrico, um caldeirão para se cozinhar a vapor, malas de madeira para as moçoilas jovens guardarem o enxoval. Todo mundo queria as invenções dele! ***Uma vez, depois de vender um carro daqueles a manivela, decidiu ir até Lisboa de bicicleta. A distância é de mais de cem quilômetros.***

Dominava, como poucos na região, a arte do azeite – uma paixão herdada pelo neto Alexandre, filho de Henriqueta. Adorava provar, degustar as novidades produzidas pela aldeia. Era um conhecido produtor de vinhos também. Henriqueta ressalta a "delícia que era tomar o vinho abafado", um vinho que não passa pelo processo de fermentação como os outros. Costumam fermentá-lo com aguardente. Francisco produzia vinho tinto e branco. (Ela bebe vinho desde pequena, nunca em grande quantidade, sempre com prazer.)

A família, típica das propriedades rurais daquela região de Portugal: cinco irmãos no total. Laura, a mais velha, foi uma das mestras de Henriqueta na cozinha. Cozinhava tão bem quanto a mãe.

A mãe era uma cozinheira de mão cheia – a grande professora de Henriqueta nas artes da mesa. Jamais aparecia desarrumada; era uma figura elegante com seus conjuntos, apesar da simplicidade no modo de vestir. Era magra, da estatura de Henriqueta. Sempre levava avental e lenço, mas adorava se arrumar com meias e sapatos fechados.

"Acho que minha mãe era pacata e obediente demais ao meu pai. Ficava triste quando ele fazia essas longas viagens. Mas uma vez ela me disse: 'Minha filha, não largo este homem porque ele é um homem bom demais.'"

Ainda na aldeia, Henriqueta conheceu um jovem que virou amigo de seus irmãos e que veio a se tornar um grande amor e uma grande decepção – Antônio Gaio. Um legítimo aventureiro. Ele frequentava a casa da família, e ela, a dele. Henriqueta gostava muito da comida da mãe de Gaio e sabia que ele adorava viajar, que era do mundo.

Era muito próxima da mãe, mais que do pai. Contava tudo para ela. A mãe era romântica e sonhadora. Tinha uma paixão louca por cozinhar. "Ela fazia receitas que só ela sabia preparar e eu ficava observando. Cuidava dos detalhes. Um pinguinho d'água aqui, outro ali. Um amor imenso ao fazer a comida e a paciência dos que sabem que as melhores receitas são feitas devagar."

Uma das maiores lembranças da infância eram as merendeiras doces distribuídas no Dia de Todos os Santos e o bolo de noiva em forma de ferradura dado aos convidados e padrinhos, uma tradição de todas as aldeias da região.

RECEITAS DA ALDEIA 1.Pão Saloio 2.Canja 3.Coelho Guisado 4.Cozido à Portuguesa 5.Dobradinha de Feijão-Branco 6.Favas Guisadas 7.Filetes de Pescadinha à Doré 8.Frango na Púcara 9.Pato Escondido 10.Sopa de Coelho 11.Sopa de Feijão-Manteiga (sopa cor-de-rosa) 12.Sopa de Grão-de-Bico 13.Misturadas 14.Bolo de Noiva dos Montes 15.Paio Fingido 16.Filhozes

Lisboa: moda, cultura e paixão

A primeira paixão de Henriqueta foi a costura, não a cozinha. Adolescente, fez diversos cursos e passou a dar aulas para meninas da aldeia. Caprichosa ao extremo, não parou mais de se aperfeiçoar em Lisboa, para onde viajava todo fim de semana para visitar a irmã Laura e estudar.

Tirou diplomas em escolas importantes da capital. *E não fazia apenas modelagem e costura, concebia os modelos. Aprendeu com base em peças-piloto que Nelsinho, o professor de costura, trazia da França. A Dior era uma das maisons preferidas.*

PREFÁCIO À 1ª EDIÇÃO 21

Com as colegas do curso de bordado à máquina, em 1956.

Gostava muito de Lisboa. Participava bastante da vida cultural da cidade, adorava visitar teatros e museus. Passeava por tudo, tinha muito fôlego, sempre teve muita energia. Viveu por longo tempo em função disso: Lisboa nos fins de semana e, durante a semana, a casa dos pais na aldeia.

Em Lisboa, Henriqueta viveu dias muito felizes. Foi lá, de repente, depois de um encontro na casa da irmã, que ela se deu conta da paixão por Antônio Gaio. O Gaio com seu ar aventureiro e misterioso. Antes de engrenarem namoro, ele se aventurara por um período na África, viajando e conhecendo tudo o que podia. Amava estudar francês e se tornou um grande poeta. Foi quando ele voltou da África, de muletas depois de um acidente, que Henriqueta foi fisgada. O Gaio estava completamente debilitado; e eles se aproximaram.

"Foi muito engraçado o pedido de namoro. Ele veio diretamente, dizendo que sempre gostou de mim e perguntando se ele poderia me amar. É claro que eu o quis, o recebi com um grande sorriso no rosto", conta Henriqueta.

Gaio era homem de estatura média, não tinha uma beleza que chamasse atenção, mas sempre cativava a todos pelo bom humor, pelo carinho e pela inteligência incrível. Falava fluentemente o francês e lia todos os poetas e grandes nomes da literatura da língua.

"O jeito atrevido dele mexia comigo", diz ela. "Mexe até hoje. Ele nunca teve medo de nada."

Atrás de cada foto, em cada bilhete, em cada carta, um poema escrito por ele. Sempre apaixonado.

Flor sozinha que perfuma o monte
Pétala estendida ao longo da estrada
Chuva miúda que enche a fonte
Folha de outono que fica colada

Em Lisboa, adoravam passear, dançar juntos. Andavam de mãos dadas pelas pracinhas, comiam pastéis de nata, almoçavam na casa da irmã.

Laura cozinhava de tudo, com o mesmo esmero da mãe. Era sempre um acontecimento provar as delícias preparadas pela irmã de Henriqueta.

RECEITAS DE LISBOA 1.Punhetas de Bacalhau (bacalhau cru desfiado) 2.Bacalhau Espiritual 3.Bacalhau com Natas 4.Frango com Caril (curry) 5.Língua Estufada 6.Pataniscas de Bacalhau 7.Rissoles de Camarão 8.Arroz-Doce 9.Merendeira Doce 10.Pudim de Laranja

Despedindo-se de familiares e amigos no dia de seu embarque para o Brasil, em 14 de dezembro de 1968.

A nos separar, tanto mar

Gaio não abandonava de jeito nenhum a vontade de viajar o mundo. Sempre clandestinamente. A ditadura de Salazar impedia os portugueses de viajarem para muitos países. Gaio tentou fugir duas vezes para a Austrália de navio. Nas duas vezes, foi flagrado quando tentava embarcar. Na segunda, foi preso e teve de cumprir uma pena de um ano e três meses. Um sofrimento sem fim para a jovem Henriqueta.

"No começo, não me deixavam visitá-lo na prisão", ela conta. "Depois, passei a ir de vez em quando. Trocávamos juras de amor eterno. Eu chorava muito, mas dava muita força para ele. Emagreci, vivia abatida, mas tinha certeza de que ficaríamos juntos para sempre."

No entanto, Henriqueta descobriu que Gaio tinha outra namorada. Ele a traía havia tempos com a sobrinha do patrão. Estava de casamento marcado com a moça. A jovem modista não perdoou e, do alto de seus 20 e poucos anos, tomou a decisão de se mudar para o Brasil, onde já viviam alguns de seus irmãos. Um oceano a separá-los, uma nova vida que se abria.

No dia do embarque fazia um frio de rachar. O céu nunca esteve tão cinzento. Henriqueta estava muito agasalhada. *"Foi muito esquisito chegar ao Brasil e, com aquela lã toda, deparar-me com um calor insuportável no Rio de Janeiro"*, conta ela. Mas estava disposta a enterrar tudo aquilo, principalmente depois que conheceu Agostinho, futuro marido e pai de seus dois filhos.

Com Agostinho viveria uma nova paixão. Henriqueta escolheu Niterói para morar. Sempre foi apaixonada pela cidade, apesar de achar o Rio lindo. Mas nunca quis sair de Niterói para viver em qualquer outro lugar do Brasil.

Agostinho se apaixonou assim que a conheceu. Ele já trabalhava com cozinha e em pouco tempo decidiu que deveria se casar com Henriqueta. Por mais que fosse um maravilhoso cozinheiro, por mais que fizesse todas as receitas típicas, gostava mesmo era da comida brasileira. Era louco por feijoada e frango com quiabo.

Agostinho e os filhos em Niterói.

O casamento e a Gruta

Henriqueta desenhou e costurou o vestido de noiva. Era um vestido de cavas fechadas, com renda trabalhada na parte de cima e cetim de seda pura por baixo. Tradicional, mas muito bonito. O buquê? Dona Henriqueta escolheu apenas um botão de rosa. A flor acabou sendo o símbolo do casamento. Todas as sextas-feiras, Agostinho levava para ela um buquê de rosas amarelas. Foi assim durante oito anos, até a morte dele.

Agostinho e Henriqueta tiveram dois filhos, Alexandre e Marcelo.

"Com Agostinho consegui botar um véu sobre a fase de infelicidade por causa de Antônio Gaio. Era felicidade o tempo inteiro, ele só queria meu bem, era um homem de muito valor. E, apesar de ter tido pouco tempo para curtir os filhos, foi desde sempre um excelente pai."

Agostinho era dono de um restaurante e de uma paixão enorme pela cozinha. Henriqueta ainda não havia desenvolvido pelos ingredientes e receitas o mesmo amor que tinha pela costura. Mas sempre ajudou o marido.

"Agostinho sempre cozinhava com todo o gosto do mundo e um bocado de disciplina. Aprendi muito isso com ele. Abrimos a Gruta de Santo Antônio em 1977. Só servíamos algumas receitas, de um modo simples, mas muito típico de Portugal. Todo mundo da cidade adorava. Não havia restaurante em Niterói melhor que o nosso. Nossas postas de bacalhau eram as maiores e as mais saborosas de todas."

PRIMEIRAS RECEITAS DA GRUTA 1.Açorda de Bacalhau 2.Bacalhau à Doré 3.Bacalhau à Espanhola 4.Bacalhau à Portuguesa 5.Bolinho de Bacalhau 6.Caldo Verde 7.Risoto de Bacalhau 8.Sardinhas de Escabeche 9.Bolo de Abóbora 10.Bacalhau à Lagareira com Batatas ao Murro

Cozinhar foi preciso

Santo Antônio é o santo de devoção da família desde Portugal. Protegido por ele, o restaurante cresceu com a qualidade do trabalho de Agostinho e Henriqueta.

Quando não estava na cozinha ou cuidando dos filhos, Henriqueta costurava para fora: vestidos de noiva, de 15 anos, tailleurs. Fazia, como faz até hoje, as próprias roupas, sempre muito bem talhadas e elegantes.

Não chegaram a viajar juntos para Portugal, sempre ia um de cada vez, entre a aldeia, Lisboa e Nazaré, o velho pouso de veraneio, pois o restaurante tinha de continuar funcionando. Agostinho trazia lindos presentes que Henriqueta guarda até hoje.

Nas horas de folga, a paixão de Agostinho era jogar futebol. E essa acabou sendo a causa indireta da morte dele, de forma que surpreendeu todos.

Agostinho se feriu numa partida de futebol de fim de semana, no sítio do sr. Eurico, um grande amigo; era um corte profundo. Amarrou uma folha de bananeira na perna e foi direto para casa. Naquela noite eles não dormiram nada. Agostinho passou muito mal. No dia seguinte, uma vizinha enfermeira passou por lá para fazer uma visita. Ela ficou assustada com o estado de Agostinho.

No hospital, não resistiu. Henriqueta não conseguia acreditar no que acontecera. Em dois dias, Agostinho se fora. *"Você não faz ideia do que foi meu sofrimento na perda dele. Você não pode sequer imaginar. Entrei numa depressão profunda, mas ganhei força para sobreviver e criar com dignidade meus filhos"*, lembra ela.

Sorte que Henriqueta sempre teve no coração uma força enorme, uma imensa vontade de viver. Acabou decidindo levar adiante o restaurante. Não queria mudar em nada o que o marido construíra. Assim diminuía a saudade, mantinha aberta a casa, garantia o sustento dos filhos.

Henriqueta descobriu não só que podia, mas que amava cozinhar. E, ano após ano, o fazia melhor e com mais gosto.

Em torno da boa mesa

Com o restaurante se tornando cada vez mais uma referência na cozinha portuguesa, Henriqueta se permitiu viajar mais a Portugal. Numa dessas viagens, os filhos já adultos, reencontrou Antônio Gaio, o amor da juventude. Ela viúva, ele separado. Lembraram os passeios pelos jardins de buganvília da aldeia, os encantos de Lisboa. Retomaram o namoro, os poemas. Passaram a se encontrar de tempos em tempos. E ela prefere assim: "Na vida há encontros e desencontros! Valeram todos os momentos em que nos encontramos."

Alexandre e Marcelo, que cresceram na Gruta, são parceiros constantes da mãe no restaurante. Marcelo cuida de todos os detalhes da administração. Alexandre Henriques, o filho mais velho, desde muito jovem começou a trabalhar no restaurante e percebeu que valia a pena investir no negócio da família. A qualidade da Gruta era reconhecida não só em Niterói, mas no Rio de Janeiro também.

Alexandre se dedicou ao estudo da enogastronomia. Fez os melhores cursos. Tornou-se amigo muito próximo de quem mais entendia daquilo na cidade, como Paulo Nicolay, um dos maiores sommeliers no Brasil. Decidiu mudar muitas coisas no restaurante. Trocou talheres, comprou copos especiais, começou a investir na compra de rótulos de vinhos – especialmente os portugueses – e na construção de uma adega climatizada.

Acima de tudo, percebeu que não devia jamais deixar para trás a característica básica de um restaurante de família. Era preciso manter a personalidade da Gruta de Santo Antônio, o nome que os pais criaram – apesar de achar bem mais comercial "Dona Henriqueta". Os filhos sempre tiveram a preocupação de não descaracterizar a história do lugar.

Alexandre tornou-se, desde então, a pessoa responsável pelo *business*. "Desde pequeno fui empreendedor, sempre." E Marcelo ocupava-se dos detalhes, dos pequenos cuidados para que nada deixasse de ser impecável. Apaixonado também pela cozinha, Alexandre se aventurou nesse campo e hoje existem vários pratos no cardápio desenvolvidos por ele, num estilo mais mediterrâneo.

Dona Henriqueta com os filhos, as noras e os netos.

Foi decisiva a viagem que fez por quase três meses à região do Algarve. Com a ajuda dos conhecimentos de um primo, perito no melhor das redondezas, Alexandre visitou os grandes restaurantes de comida mediterrânea do mundo. Viu o quanto o conceito de harmonização era importante, fundamental. Certo dia, num desses restaurantes, encontrou a princesa Diana jantando – ironicamente no ano em que ela morreu: 1997. Nesse lugar degustou uma das melhores iguarias que provou na vida – amêijoas. A amêijoa é um pequeno molusco comum na costa de Portugal e da Espanha. Estavam temperadas de forma muito simples, mas que preservava o sabor do molusco. Comeu também robalinhos, polvos, salmonetes, tudo muito fresco e sem exageros. Nada ali era impessoal, mas o requinte estava na qualidade.

"Aí me perguntei que sabor era aquele. Que pessoas eram aquelas ao meu redor? O lugar era à beira do mar, sem nada demais. E era um sucesso. Então, por que eu precisaria ter no Brasil uma casa cheia de sofisticação, com um pedantismo no atendimento que eles não têm nesses lugares? *O melhor seria continuar com um lugar simples, despojado, mas com padrão de alta gastronomia. E o tempo provou que eu não precisava mesmo.*"

No Algarve, ele aprendeu segredos maravilhosos, como a diferença que faz utilizar a brasa para assar o peixe.

"Eu me perguntava: então bastava fazer uma churrasqueira de peixe? Era quase um braseiro improvisado, de tão básico. E o sabor, o perfume da brasa no peixe, nos frutos do mar, fica irresistível. Vi que tinha a faca e o queijo – ou o peixe – na mão em Niterói. Tinha uma clientela diversa, mas de primeira linha, o mercado de peixe ao meu lado e a possibilidade de investir. O que eu estava esperando? Precisava dar mesmo esse foco para as preferências do cliente. Voltei de Portugal com a cabeça fervilhando. Tinha de mudar minha vida. Minha mãe já era uma celebridade aqui. As pessoas ficavam loucas com a quantidade e a qualidade do bacalhau que nós servíamos por um preço absolutamente acessível. E vi ainda o que os vinhos poderiam fazer de bom para o cliente, que satisfação seria aquela. Foi mais do que uma química, foi uma mágica."

Dona Henriqueta com os filhos, o neto e os funcionários do restaurante.

Depois de muitos anos de idas e vindas a Portugal e depois que o restaurante se firmou com uma boa adega, Alexandre aprendeu que a harmonização não pode ser arbitrária. Se o cliente quer determinado vinho, mesmo que não seja o ideal, ele sempre tenta adaptar alguma receita para combinar melhor. O cardápio da Gruta jamais é estático.

E, mesmo com tudo o que aprendeu fora, ele não se esquece dos ensinamentos da mãe: "Ela é um leão na cozinha. Chega a ser brava. Ai de quem não cumprir o ritual da boa culinária."

A Gruta de Santo Antônio tem 26 funcionários. Alguns estão há 15 anos na casa. É como uma grande família. Entre 2001 e 2004, Henriqueta e os filhos chegaram a manter um outro restaurante, chamado de Dona Henriqueta, numa bela casa em Icaraí, com um jardim enorme. A adega, mais ousada do que nunca, tinha 250 rótulos. Hoje são 180. Mas a família acabou preferindo ficar com apenas uma casa para que nada corrompesse a qualidade. Os clientes percebem e admiram esse padrão. São fiéis.

Depois que Niterói ganhou as belas obras de Oscar Niemeyer, o arquiteto esteve várias vezes no restaurante, bem como sua equipe. Dona Henriqueta conta que o freguês famoso da Gruta é um homem discretíssimo e de hábitos muito simples à mesa. Um bolinho na entrada, um bacalhau à lagareira com batatas ao murro, acompanhado de uma taça de vinho tinto como o Cartuxa ou o E.A., da Fundação Eugenio Almeida. E dá gosto ver como o mestre das curvas aprecia a doçaria portuguesa.

Alexandre volta e meia viaja para aprender mais sobre a produção de vinhos, para pesquisar novas receitas. Henriqueta continua firme. Outro dia deu um susto nos filhos, nos amigos, nos fregueses. Teve de fazer uma angioplastia.

Alexandre na adega do restaurante.

PREFÁCIO À 1ª EDIÇÃO 35

Mas já está de volta, animada como sempre. Antes da cirurgia, com medo de que algo de pior acontecesse, deixou escrita uma carta com um depoimento para este livro. Palavras cheias de sensibilidade de quem sabe o que é importante na vida.

No dia 10/8/2007
Fiz uma angioplastia de surpresa. Mas disse o que sinto para que fique gravado para sempre.
Sou uma mulher feliz.
Tenho dois filhos que me amam, dois netos que adoro e duas noras que qualquer sogra queria ter (gostam de mim).
Agradeço a Deus tudo que tenho.
Assinado – Henriqueta

Assim segue a Gruta de Santo Antônio sob o comando da família Henriques. É comum ver nos almoços e jantares as noras e os netos de Henriqueta, além da gente da Ponta d'Areia, empresários, músicos, artistas famosos, gourmets, turistas brasileiros e estrangeiros depois de uma visita ao Museu de Arte Contemporânea (MAC) ou ao Teatro Popular Oscar Niemeyer. Basta ver o simpático painel de fotos na entrada do restaurante.

Não importa. Henriqueta, Alexandre e Marcelo recebem cada um com o mesmo jeito carinhoso, como gente de casa. Por isso a certeza de que ali residem o coração sentimental, a alma generosa, a poesia e o encanto do povo português.

RECEITAS TRADICIONAIS E CONTEMPORÂNEAS: 1.Arroz à Valenciana 2.Atum de Escabeche 3.Bacalhau à Gomes de Sá 4.Bacalhau à Zé do Pipo da Dona Henriqueta 5.Caldeirada de Frutos do Mar. 6.Cabrito ou Borrego Assado 7.Cataplana de Cherne com Camarão VG 8.Fettuccine de Lagostins 9.Mão de Vaca com Feijão-Branco 10.Salmão Assado na Brasa 11.Pão de Ló 12.Atum na Brasa 13.Bacalhau à Gruta de Santo Antônio 14.Camarão--Tigre Assado na Brasa 15.Cherne na Brasa 16.Polvo na Brasa

Receitas da aldeia

Pão Saloio

RENDIMENTO: 4 PÃES

INGREDIENTES

3 ½ xícaras de água
2 colheres de café de sal
1 colher de sopa de óleo de soja
1 tablete de fermento Fleischmann®
1 colher de sopa de manteiga
1 kg de farinha de trigo Rosa Branca® Premium

UTENSÍLIOS NECESSÁRIOS

bacia para amassar | colher de pau | pano de prato | tabuleiro

MODO DE PREPARAR

1. Junte na bacia a água amornada, o sal, o óleo, o fermento e a manteiga, mexendo com uma colher de pau.
2. Quando os ingredientes estiverem derretidos, adicione a farinha de trigo e amasse durante 15 minutos, no mínimo.
3. Cubra a massa com um pano, faça o sinal da cruz e reze.
4. Deixe a massa descansar por 2 horas.
5. Modele os pãezinhos, leve-os à geladeira dispostos em um tabuleiro e deixe-os descansar por 2 horas.
6. Aqueça o forno a 180 °C.
7. Retire os pães da geladeira e leve ao forno para assar. O choque térmico é importante para a massa.

Segredinhos

¶ Pão saloio, em Lisboa, quer dizer pão da roça.

¶ O pão só está bem cozido quando fica leve. Fica ainda mais saboroso se descansar por 12 horas na geladeira antes de assar.

¶ Na Gruta de Santo Antônio, faz-se sempre o pão nosso de cada dia. A minha saudosa mãe preparava o pão com muito carinho; era cozido no forno a lenha. Hoje, tudo é mais fácil, mas o sabor é igual.

¶ Se você quiser tornar esta receita ainda mais portuguesa, enquanto espera a massa descansar, faça a reza do pão, de acordo com a tradição dos Montes:

Deus te levede
Deus te acrescente
Deus te livre
De má gente

Pão Saloio

Canja

RENDIMENTO: 10 PORÇÕES

INGREDIENTES

1,5 l + 1 l de água
800 g de asas e miúdos de galinha bem lavados (fígado, moela, coração etc.)
2 cebolas médias picadas
1 cenoura média picadinha
sal a gosto
2 xícaras de massa em formato de estrelinha (pode ser substituída por cuscuz ou arroz)
6 folhas de hortelã

UTENSÍLIOS NECESSÁRIOS

panela | panela de pressão | escumadeira

MODO DE PREPARAR

1. Em uma panela, coloque 1,5 l de água no fogo e deixe ferver.
2. Só depois de levantar fervura, junte as asas e os miúdos de galinha.
3. Acrescente a cebola e a cenoura, adicione o sal e deixe ferver.
4. Deixe cozinhar por 15 minutos na panela de pressão.
5. Com uma escumadeira, retire os miúdos, as asas e os vegetais. Reserve-os.
6. No caldo restante, adicione a massa e deixe cozinhar por mais 5 minutos.
7. Enquanto a massa cozinha, pique os miúdos, as asas e os legumes reservados e os adicione ao caldo. Se necessário, acrescente mais água (1 l para cada 10 pessoas).
8. Deixe cozinhar por mais 5 minutos.
9. Lave bem as folhas de hortelã.
10. Desligue o fogo, coloque as folhas de hortelã na panela e deixe descansar por uns 5 minutos.
11. Sirva em seguida.

Segredinhos

¶ Quando a receita estiver quase pronta, deixe ferver um pouco e acrescente um tabletinho de caldo Knorr® e uma gema de ovo cozida e picada. Fica uma delícia.

¶ Sempre espere a água levantar fervura e só então coloque os miúdos e as asas de galinha para cozinhar. Desse modo, o caldo não ganha espuma.

Coelho Guisado

RENDIMENTO: 4 PORÇÕES

INGREDIENTES
1 coelho grande
1 xícara de vinho tinto
2 dentes grandes de alho bem picadinhos
sal, colorau e pimenta-do-reino a gosto
2 folhas de louro
½ xícara de azeite
2 cebolas grandes picadas
2 colheres de sopa de bacon cortado em cubinhos
(pode ser substituído por chouriço ou outro defumado)
1 colher de banha ou de manteiga
1 colher de sopa de vinagre de vinho
2 tomates grandes bem picadinhos, sem pele e sem sementes
4 xícaras de arroz
1 lata de ervilha escorrida
1 colher de sopa de cheiro-verde

UTENSÍLIO NECESSÁRIO
panela

MODO DE PREPARAR
1. Corte o coelho em pedaços.
2. Faça uma vinha-d'alho com o vinho, o alho, o sal, o colorau, a pimenta e o louro.
3. Deixe o coelho na vinha-d'alho por 2 horas.
4. Coloque um pouco do azeite em uma panela, junte as cebolas e deixe alourar. Adicione o bacon e o coelho e vá sacudindo a panela (pode colocar também 1 colher de banha ou manteiga, além do vinagre e do restante do azeite).
5. De vez em quando, coloque um pouco de água para ajudar a amaciar a carne e fazer o molho.
6. Quando o coelho estiver quase macio, junte o tomate e deixe cozinhar.
7. Veja se está pronto (os ossos começarão a se soltar e a carne estará macia) e retire tudo da panela.
8. Lave o arroz, coloque-o na mesma panela em que cozinhou o coelho e deixe cozer em 1 l de água.
9. Depois que o arroz estiver cozido, junte a ervilha, coloque o cheiro--verde por cima e tampe.
10. Uma sugestão é servir o coelho com o arroz, acompanhados de

batatinhas portuguesas bem
douradinhas e finas
ou de salada de alface
e tomate.

Segredinhos

¶ Para cozinhar o arroz, aproveite a panela em que cozinhou o coelho, sem lavá-la.

¶ Deve-se colocar um pouquinho de cheiro-verde enquanto a carne está guisando.

¶ A ervilha em lata pode ser substituída por aquela verdinha congelada, que você encontra em qualquer supermercado; nesse caso, é preciso deixá-la ferver junto com o arroz.

¶ Deixe o arroz com caldinho, porque, após cozido, ele seca muito e não fica tão soltinho.

Cozido à Portuguesa

RENDIMENTO: 8 PORÇÕES

INGREDIENTES

1 kg de costela de porco salgada cortada em pedaços
500 g de chispe inteiro
500 g de orelha inteira
250 g de bacon inteiro
4 xícaras de água
2 kg de peito de boi ou capa de filé em pedaços grandes
1 cebola grande cortada em quatro pedaços
3 dentes de alho picadinhos
2 folhas de louro
2 tomates grandes cortados em quatro pedaços
2 paios inteiros (de boa qualidade)
1 pitada de colorau
2 repolhos grandes, brancos, cortados de maneira que as folhas não se separem completamente
500 g de cenoura cortada ao comprido
1 kg de batata-inglesa cortada ao meio no sentido do comprimento
1 kg de batata-doce cortada em pedaços grandes
500 g de abóbora cortada em pedaços grandes
2 cabeças de nabo cortadas em 4 pedaços
4 bananas-da-terra inteiras e com casca (só tirar da panela quando a casca começar a se abrir)
2 molhos de couve (folhas inteiras)
250 g de vagem inteira
1½ xícara de farinha de mandioca

UTENSÍLIOS NECESSÁRIOS

4 panelas | panela de pressão

MODO DE PREPARAR

1. Em uma panela, escalde muito bem os salgados (exceto o paio) para tirar o excesso de sal e de gordura.
2. Em outra panela, leve a água ao fogo.
3. Depois que levantar fervura, junte o peito de boi e acrescente a cebola, o alho, o louro e o tomate.
4. Deixe cozinhar por 30 minutos.
5. Quando os salgados estiverem escaldados, junte-os à carne, acrescente o paio e o colorau e deixe ferver por aproximadamente 20 minutos.

6. Retire o paio e o bacon e cozinhe as carnes restantes em uma panela de pressão.

7. Deixe ferver por 30 minutos, retire todo o caldo, colocando-o em outra panela. Reserve.

8. Junte ao caldo todos os legumes e a banana, exceto a couve e a vagem, e os leve ao fogo, cuidando do tempo de cozimento de cada um.

9. Separe um pouco do caldo para cozinhar, separadamente, a couve e a vagem.

10. Logo que tudo esteja cozido, escorra bem e reserve.

11. Coloque parte do caldo em uma panela, adicione a farinha, leve ao fogo e misture bem para fazer o pirão.

12. Na hora de servir, esquente separadamente as carnes, os legumes, a banana e o pirão, e use o restante do caldo para regar a carne e os legumes.

Segredinhos

❡ Só coloque o peito de boi para cozinhar depois que a água levantar fervura. Se colocar antes, o caldo vai ganhar espuma.

❡ Atenção: a abóbora e a batata-doce cozinham mais rápido que os outros legumes desta receita; então, devem ser colocadas no cozimento depois dos outros, ou ser retiradas antes.

❡ Para a couve e a vagem ficarem bem verdinhas, têm de ser cozidas em panelas destampadas.

❡ O cozido à portuguesa em algumas regiões de Portugal acompanha feijão.

❡ Para saborear um cozido à portuguesa completo, não deixe de provar a "sobremesa": o caldo restante com folhinhas de hortelã.

Dobradinha de Feijão- -Branco

RENDIMENTO: 8 PORÇÕES

INGREDIENTES

1 kg de feijão-branco
500 g de paio
500 g de linguiça
1 colher de sopa de colorau
1,5 kg de costelinha de porco salgada
2 kg de bucho
1 l de água
2 folhas de louro
1 cebola grande picada
½ xícara de óleo
1 colher de sopa de alho picado
pimenta-do-reino a gosto
1 kg de batata descascada e cortada em quadradinhos
2 cabeças médias de nabo descascado e picado em pedaços pequenos
3 cenouras pequenas descascadas e cortadas em rodelas
2 tomates médios picadinhos
1 molho de cheiro-verde picadinho
1 pimentão verde

UTENSÍLIOS NECESSÁRIOS

2 panelas | panela de pressão

MODO DE PREPARAR

1. Deixe o feijão de molho em água, de véspera, durante toda a noite.
2. Leve ao fogo uma panela com o feijão demolhado, o paio, a linguiça e o colorau.
3. Escalde as costelinhas para retirar o excesso de sal, adicione-as ao feijão e deixe cozinhar por 1 hora.
4. Em uma panela de pressão, coloque o bucho, a água e as folhas de louro e cozinhe por 30 minutos.
5. Escorra toda a água, deixe esfriar e corte o bucho em pedaços pequenos. Reserve.
6. À parte, em outra panela, refogue a cebola no óleo, adicione o alho e a pimenta-do-reino e um pouco de água.
7. Junte o bucho, a batata, o nabo e a cenoura e deixe ferver.
8. Quando o feijão, com o paio, a linguiça e a costela estiverem cozidos, junte-os ao bucho, acrescente o tomate e deixe ferver por mais 15 minutos.
9. Por último, coloque o cheiro- -verde e o pimentão.

Segredinho

¶ Deixe o feijão cozinhar bem que o caldo fica grosso e bonito.

Favas Guisadas

RENDIMENTO: 6 PORÇÕES

INGREDIENTES
2 kg de favas
1 cebola grande picada
½ xícara de azeite
200 g de bacon fatiado
200 g de chouriço ou paio cortado em rodelas
1 colher de chá de alho picado
sal e pimenta-do-reino a gosto
1 molho de cheiro-verde
1 pitadinha de orégano

UTENSÍLIO NECESSÁRIO
panela

MODO DE PREPARAR
1. Limpe bem as favas, retirando o olho preto.
2. Em uma panela, leve ao fogo a cebola, o azeite, o bacon, o chouriço, o alho, a pimenta-do-reino e acrescente 1 copo de água.
3. Logo que tudo estiver fervendo, adicione as favas e cozinhe em panela destampada.
4. Quando as favas estiverem macias, acerte o sal, desligue o fogo e acrescente o cheiro-verde e o orégano.

Segredinhos

¶ Para cozinhar as favas, não coloque água de mais nem de menos; deve ser o suficiente para que fiquem cobertas.

¶ Minha mãe acompanhava esse prato só com salada de alface e tomate. Pena que no Brasil há poucas favas nos supermercados...

Filetes de Pescadinha à Doré

RENDIMENTO: 4 PORÇÕES

INGREDIENTES

1,3 kg de filete de pescadinha
sal e pimenta-do-reino a gosto
suco de 1 limão médio
1 xícara de farinha de trigo
2 ovos inteiros batidos com
2 colheres de sopa de água
óleo para fritar a gosto
1 molho de brócolis cozido
em 1 l de água fervendo

UTENSÍLIOS NECESSÁRIOS

recipiente para marinar | frigideira

MODO DE PREPARAR

1. Tempere os filetes com o sal, a pimenta, o limão e deixe-os marinar durante 1 hora na geladeira.
2. Em seguida, retire-os da marinada, passe-os na farinha e nos ovos e frite-os em óleo quente.
3. Sirva com brócolis.

Segredinho

¶ Os filetes também ficam muito bons acompanhados de purê de batatas e molho de camarão, de brócolis e batatas noisettes ou de maionese... Enfim, cada pessoa tem seu gosto... o acompanhamento fica a seu critério.

Frango na Púcara

RENDIMENTO: 6 PORÇÕES

INGREDIENTES

1 kg de sobrecoxa de frango cortada em pedaços
sal e pimenta-do-reino a gosto
½ xícara de bacon picadinho
½ xícara de molho de tomate
2 ½ xícaras de arroz
1 xícara de margarina
4 dentes de alho picadinhos
6 cebolas pequeninas e inteiras
1 xícara de vinho do Porto
¼ de xícara de conhaque
1 xícara de vinho
branco (seco)
100 g de chouriço cortado
em rodelas
2 xícaras de uvas-passas

UTENSÍLIO NECESSÁRIO

panela de barro com
tampa (púcara)

MODO DE PREPARAR

1. Tempere os pedaços de frango com sal e pimenta e deixe-os descansar durante 1 hora e 30 minutos.
2. Misture todos os ingredientes e coloque-os em uma púcara.
3. Leve ao forno preaquecido a 200 °C durante 55 minutos, para apurar bem o molho.
4. Uma sugestão é servir com purê de batatas ou batatinhas pequenas feitas no vapor.

Segredinho

¶ Não substitua a panela de barro por outro utensílio. Frango na púcara é sempre na púcara de barro!

Pato Escondido

RENDIMENTO: 6 PORÇÕES

INGREDIENTES

2 cebolas médias picadinhas
2 dentes de alho picados
1 pitada de pimenta-do-reino
2 colheres de sopa de azeite
1 xícara de bacon picado
1 pato grande cozido desfiado
ou em lascas
1 l de água
sal a gosto
3 xícaras de arroz
1 paio pequeno cortado
em rodelas

UTENSÍLIO NECESSÁRIO

panela

MODO DE PREPARAR

1. Em uma panela, junte a cebola, o alho, a pimenta e o azeite, e deixe alourar.
2. Adicione o bacon e frite um pouco.
3. Acrescente o pato e vá mexendo de um lado para o outro sem deixar queimar.
4. Em seguida, retire o pato e junte a água.
5. Quando a água voltar a ferver, coloque o sal, o arroz e o pato e deixe cozinhar por aproximadamente 30 minutos.
6. Antes de servir, enfeite com umas rodelinhas de paio e aqueça no forno.

Sopa de Coelho

Esta sopa é dedicada à memória da grande amiga Maria Salgueiro

RENDIMENTO: 6 PORÇÕES

INGREDIENTES

1 coelho grande cortado em pedaços
1 colher de sopa de vinagre
2 cebolas médias picadinhas
2 colheres de sopa de azeite
2 colheres de sobremesa de alho picadinho
sal e pimenta-do-reino a gosto
2 folhas de louro
2 l de água
1 copo de vinho tinto
2 tomates grandes picadinhos
1 colher de sopa de molho de tomate
500 g de espaguete

UTENSÍLIO NECESSÁRIO

panela

MODO DE PREPARAR

1. Tempere o coelho com o vinagre, a cebola, o azeite, o alho, o sal, a pimenta e o louro, e deixe descansar por 20 minutos.
2. Em uma panela, coloque a água no fogo e deixe ferver.
3. Junte o coelho e deixe cozinhar.
4. Quando o coelho estiver macio, adicione o vinho, o tomate e o molho de tomate.
5. Acrescente o espaguete e deixe ficar com o caldinho.

Segredinhos

¶ Você pode usar o macarrão espaguete nº 5. Fica ótimo!
¶ Esta sopa é coradinha e deliciosa.

Sopa de Feijão-Manteiga

Sopa de Feijão- -Manteiga

(sopa cor-de-rosa)

RENDIMENTO: 6 PORÇÕES

INGREDIENTES
1 kg de feijão-manteiga
1,8 l de água
2 tomates sem pele e sem sementes, cortados em 4 pedaços
1 cebola grande picada
2 dentes de alho bem picadinhos
2 folhas de louro
1 kg de ossos de pele bem fresquinhos
1 chouriço inteiro
300 g de bacon inteiro
2 xícaras de arroz cru
sal a gosto

UTENSÍLIOS NECESSÁRIOS
panela | panela de pressão | passevite

MODO DE PREPARAR
1. Coloque no fogo uma panela com o feijão, 1 l da água, o tomate, a cebola, o alho e o louro.
2. Lave bem os ossos, o chouriço e o bacon.
3. Quando o feijão estiver fervendo, junte os ossos, o chouriço e o bacon, coloque-os na panela de pressão e deixe ferver por 5 minutos.
4. Retire o chouriço e o bacon e deixe o restante ferver por mais 15 minutos.
5. Depois passe o feijão no passevite até virar um purezinho.
6. Adicione o arroz, bem lavado, ao purê de feijão, prove o sal e acrescente o restante da água.
7. Deixe cozinhar até ficar com bastante caldo porque se o arroz secar muito não fica gostoso.

Segredinhos

¶ **Passevite é o que atualmente denominamos processador.**
¶ **Tudo é cozido na panela de pressão, mas cuidado porque o chouriço tem que ser de boa qualidade para não desmanchar.**
¶ **Osso de pele é como se chama, na minha região, o osso que fica entre o joelho e a coxa do porco.**

Sopa de Grão-de-Bico

RENDIMENTO: 6 PORÇÕES

INGREDIENTES

500 g de grão-de-bico
2 cebolas médias picadas
2 cenouras médias
2 tomates médios
1 colher de chá de alho picadinho
100 ml de azeite
2 maços de espinafre
sal a gosto

UTENSÍLIOS NECESSÁRIOS

panela de pressão | liquidificador

MODO DE PREPARAR

1. Cozinhe na panela de pressão o grão-de-bico demolhado de véspera.
2. Cozinhe, em seguida, a cebola, a cenoura, o tomate e o alho.
3. Leve ao liquidificador os legumes cozidos (reservando 1 cenoura), o grão-de-bico e o azeite e bata bem até formar um purê bem fininho.
4. Volte com a mistura para uma panela, acrescente o espinafre, a cenoura reservada, cortada em rodelas, e o sal, e deixe ferver por 5 minutos.

Misturadas

RENDIMENTO: 8 PORÇÕES

INGREDIENTES
2 xícaras de feijão-branco
ou feijão-manteiga
2 l de água
1 chouriço inteiro
300 g de bacon inteiro
500 g de peito de boi ou capa de
filé cortado em pedaços
1 tomate pequeno cortado em
pedaços grandes
1 cebola pequena cortada em
pedaços grandes
1 kg de batata descascada
picadinha
1 repolho grande picadinho
2 maços de couve picadinha
3 cenouras médias picadinhas
sal e azeite a gosto

UTENSÍLIOS NECESSÁRIOS
panela | concha

MODO DE PREPARAR

1. Deixe o feijão de molho de véspera.
2. Leve ao fogo uma panela com a água; quando ferver, coloque o chouriço, o bacon e o peito.
3. Junte o tomate, a cebola e o feijão e deixe cozinhar.
4. Retire as carnes quando estiverem cozidas. Reserve.
5. Verifique o cozimento do feijão, amasse apenas 1 ou 2 conchas dele, deixando o restante em grãos, e acrescente água.
6. Quando voltar a ferver, adicione todos os legumes.
7. Assim que estiver tudo cozido, apague o fogo, acerte o sal e regue com azeite.
8. Coloque as carnes de volta na panela e deixe descansar por 5 minutos antes de servir.

Segredinhos

¶ O tomate e a cebola, depois de fervidos, desaparecem, deixando apenas seu sabor.

¶ Cozinhe o peito de boi cortado em pedaços, mas não os separe totalmente, pois, assim, a carne se desfaz com facilidade.

Bolo de Noiva dos Montes

Em memória da sra. Tereza da Conceição

RENDIMENTO: 5 PORÇÕES

INGREDIENTES

2 kg de farinha de trigo
3 tabletes de fermento Fleischmann®
5 xícaras de açúcar
200 g de manteiga
1 colher de chá de limão raspadinho
1 colher de sopa de erva-doce
2 colheres de sobremesa de canela em pó
1 colher de sopa de sal
azeite para untar as mãos
2 gemas

UTENSÍLIOS NECESSÁRIOS

tigela | pincel | assadeira

MODO DE PREPARAR

1. Em uma tigela, despeje a farinha, faça uma covinha e coloque o fermento já derretido em um pouco de água morna.
2. Junte o açúcar, a manteiga, a raspa de limão, a erva-doce, a canela e o sal, amasse bem e deixe descansar por, no mínimo, 2 horas.
3. Passadas as 2 horas, a massa já terá dobrado seu volume.
4. Untando as mãos com um pouco de azeite, modele a massa em rolinhos de aproximadamente 30 cm.
5. Dê aos rolos a forma de ferradura.
6. Com o polegar e o indicador, dê pequenos beliscões em toda a volta do bolo, de modo que fique com um aspecto ondulado.
7. Bata as gemas e use-as para pincelar os bolos. Coloque-os em uma assadeira e leve-os ao forno.
8. Quando estiverem bem lourinhos e leves, estarão cozidos.

Segredinho

¶ Estes bolos são presentes dos padrinhos aos noivos; cada padrinho dá 25 bolos, que depois serão oferecidos aos convidados. Mas também se faz o bolo de noiva tradicional, como no Brasil.

Paio Fingido

RENDIMENTO: 2 ROLOS DE
APROXIMADAMENTE 25 cm

INGREDIENTES

2 pacotes de biscoito de maisena
2 ½ xícaras de chocolate em pó
6 gemas
1 ¼ de xícara de açúcar
2 cálices de vinho do Porto
2 colheres de manteiga

UTENSÍLIOS NECESSÁRIOS

rolo para abrir massa | papel-alumínio

MODO DE PREPARAR

1. Quebre os biscoitos em pedacinhos.
2. Misture o chocolate, as gemas, o açúcar, o vinho e a manteiga.
3. Amasse tudo muito bem e faça uma pasta, bem espessa.
4. Abra a massa em uma bancada de aço ou de mármore e enrole-a, apertando bem, dando a forma de um salame ou de um paio.
5. Enrole esse "paio" em um pedaço de papel-alumínio polvilhado com açúcar.
6. Conserve em geladeira.

Segredinhos

¶ Você pode guardar o "paio fingido" na geladeira pelo tempo que quiser; nunca em freezer, no entanto.

¶ Para servir, corte em rodelas de 1 cm de espessura ou pouco mais.

Filhozes

RENDIMENTO: 60 FILHOZES

INGREDIENTES

250 g de abóbora madura
½ l de água
1 kg de farinha de trigo
1 tablete de fermento Fleischmann®
1 colher de sobremesa de sal
4 ovos
raspas de 1 limão
óleo para fritar
6 colheres de sopa de açúcar
2 colheres de sopa de canela em pó

UTENSÍLIOS NECESSÁRIOS

frigideira | toalha de papel

MODO DE PREPARAR

1. Cozinhe a abóbora na água.
2. Deixe a água ficar morna e acrescente a farinha, o fermento, o sal, os ovos e as raspas de limão (reserve um pouco das raspas para polvilhar os filhozes).
3. Bata tudo muito bem até a massa ficar leve.
4. Deixe descansar por 30 minutos.
5. Com uma colher de sobremesa, vá retirando a massa em formato de bolinhas e frite-as em frigideira com óleo bem quente.
6. Retire o excesso de gordura.
7. Passe os filhozes na mistura feita com açúcar, canela e raspa de limão.

Segredinho

¶ Caso a massa fique dura, pode-se acrescentar até 1 copo de água morna e continuar batendo até o ponto certo.

RECEITAS DA ALDEIA 59

Filhozes

Receitas de Lisboa

Punhetas de Bacalhau
(bacalhau cru desfiado)

RENDIMENTO: 2 PORÇÕES

INGREDIENTES

250 g de bacalhau cru desfiado e demolhado
pimenta-do-reino a gosto
2 colheres de sopa de cebola em tirinhas finas
um pouquinho de alho picadinho
2 ou 3 gotas de vinagre
8 colheres de sopa de azeite
sal a gosto
1 colher de sopa de pimenta-rosa

UTENSÍLIO NECESSÁRIO

travessa

MODO DE PREPARAR

1. Misture, com as pontas dos dedos, o bacalhau cru desfiado e demolhado (mas ainda com um pouquinho de sal) com todos os ingredientes (exceto a pimenta-rosa).
2. Acerte o sal.
3. Disponha a mistura em uma travessa, regue com mais azeite e acrescente a pimenta-rosa.

Segredinho

¶ Corte rodelas de pão, coloque por cima delas um pouco da "punheta de bacalhau", como se fosse um canapé. É bom demais!

RECEITAS DE LISBOA 63

Punhetas de Bacalhau

Bacalhau Espiritual

RENDIMENTO: 4 PORÇÕES

INGREDIENTES
500 g de bacalhau
2 cenouras de tamanho médio
1 cebola grande em tirinhas
2 dentes de alho picadinhos
3 colheres de azeite
pimenta-do-reino a gosto
sal a gosto
2 colheres de sopa de farinha de trigo
3 xícaras de leite
1 pitada de noz-moscada
7 fatias de queijo mozarela
4 colheres de sopa bem cheias de queijo parmesão ralado

UTENSÍLIOS NECESSÁRIOS
panela | refratário

MODO DE PREPARAR
1. Depois de bem demolhado, retire toda a pele e as espinhas do bacalhau.
2. Lasque-o muito bem.
3. Raspe a cenoura em tirinhas bem finas e reserve.
4. Em uma panela, refogue o bacalhau, a cebola, o alho, o azeite e a pimenta.
5. Acrescente a cenoura reservada, prove o sal e deixe cozinhar com a panela tampada.
6. De tempos em tempos, destampe e deixe escorrer para dentro da panela a água acumulada na tampa.
7. Depois de 5 minutos, adicione a farinha, o leite e a pitada de noz-moscada, mexa bem e veja se está gostoso.
8. Retire a panela do fogo, coloque toda a mistura em um refratário e disponha as fatias de mozarela em cima. Por último, polvilhe com o queijo parmesão ralado.
9. Leve ao forno por 20 a 25 minutos, na temperatura de 200 ºC.

Segredinho

¶ Para acompanhar este bacalhau, recomendo apenas uma salada com alface, rúcula, tomate, pepino, cebola, azeite e sal.

Bacalhau com Natas

RENDIMENTO: 4 PORÇÕES

INGREDIENTES
1 cebola grande em tirinhas
3 dentes de alho picadinhos
3 colheres de sopa de azeite
400 g de bacalhau
1 pacotinho (200 g) de batata palha
200 g de batata palito congelada
2 colheres de sopa de manteiga
2 colheres de sopa de farinha de trigo
1 ¼ de xícara de leite
1 pitadinha de pimenta-do-reino
1 pitadinha de noz-moscada
1 colher de sopa de cheiro-verde picadinho
sal a gosto
1 caixa de creme de leite

UTENSÍLIOS NECESSÁRIOS
2 panelas | refratário grande

MODO DE PREPARAR
1. Refogue a cebola e o alho no azeite até ganharem a cor pérola.
2. Junte o bacalhau e cozinhe por 5 minutos.
3. Acrescente a batata palha e a batata palito e reserve.
4. Em outra panela, derreta a manteiga, junte a farinha e mexa bem.
5. Adicione o leite, a pimenta-do-reino, a noz-moscada e o cheiro-verde, misturando bem o molho. Prove o sal.
6. Acrescente o molho ao bacalhau e disponha a mistura em um refratário. Cubra com o creme de leite e leve ao forno para gratinar.

Segredinho

¶ A hora certa para tirar o bacalhau com natas do forno? Logo que a superfície ficar com pontinhos marrons.

Frango com Caril (curry)

RENDIMENTO: 4 PORÇÕES

INGREDIENTES

1 frango grande
sal a gosto
1 cebola média cortada em quadradinhos pequenos
1 colher de chá de alho picadinho
1 folha de louro
3 tirinhas de casca de limão
3 maçãs sem casca cortadas em quadradinhos
2 colheres de sopa de uvas-passas
2 xícaras de leite de coco
1 colher de sopa de caril

UTENSÍLIOS NECESSÁRIOS

2 panelas

MODO DE PREPARAR

1. Retire toda a pele do frango e cozinhe-o sem qualquer espécie de gordura por aproximadamente 1 hora.

2. Adicione, em uma panela, o sal, a cebola, o alho, a folha de louro e a casca de limão, e deixe ferver.

3. Em outra panela, coloque a maçã, as passas, o leite de coco e o caril.

4. Deixe cozer tudo muito bem, até a maçã estar quase um purê, e junte ao frango.

Segredinhos

¶ Faça um arroz branco e coloque nele 1 colher do molho amarelinho e os pedaços do frango.

¶ Sirva com batatinhas portuguesas e saladas.

¶ O cheiro é delicioso, e o sabor, excelente!

Língua Estufada

RENDIMENTO: 4 PORÇÕES

INGREDIENTES

1 l de água
1 colher de sobremesa de sal
1 língua bovina bem grande
½ l de vinho tinto
2 folhas de louro
2 cebolas picadas
1 colher de sopa de alho picado
1 pitada de colorau
2 colheres de sopa de azeite
1 xícara de tomate picadinho

UTENSÍLIOS NECESSÁRIOS

2 panelas | tigela

MODO DE PREPARAR

1. Em uma panela com água e sal, ferva a língua.
2. Quando estiver macia, tire do fogo e retire toda a pele.
3. Em uma tigela, misture o vinho, o louro, a cebola, o alho e o colorau.
4. Deixe a língua marinando nessa vinha-d'alho por, no mínimo, 2 horas.
5. Leve a língua a outra panela, junte o azeite e algumas cebolas da vinha-d'alho, e vá virando até a carne ficar dourada.
6. Deixe esfriar e corte em fatias.
7. Ao molho que restou na panela, acrescente o tomate e o restante da cebola da vinha-d'alho e deixe ferver bastante até engrossar.

Segredinhos

¶ Depois da fervura, leve a língua ainda quente, com a ajuda de um garfo, para debaixo de uma torneira de água fria e aí retire a pele. Fica mais fácil.

¶ Se a língua estiver bem macia, ela cora rapidinho.

¶ Faça batatas em purê e sirva junto um arroz branquinho e salada.

Pataniscas de Bacalhau

RENDIMENTO: 4 PORÇÕES

INGREDIENTES
2 ovos
2 colheres de sopa de leite
1 pitadinha de pimenta-do-reino
1 pitadinha de cheiro-verde
2 colheres de sopa de farinha de trigo
8 lascas de bacalhau cozido
suco de ½ limão
½ l de azeite

UTENSÍLIOS NECESSÁRIOS
tigela | frigideira

MODO DE PREPARAR
1. Em uma tigela, bata os ovos e junte o leite, a pimenta, o cheiro-verde e a farinha de trigo.
2. Coloque as lascas de bacalhau, misturadas com o suco do limão, dentro da tigela de modo que fiquem cobertas pela mistura de ovos.
3. Em uma frigideira, esquente bem o azeite e frite as lascas, 2 de cada vez.
4. Tire quando estiverem douradas de ambos os lados.

Segredinhos
¶ As pataniscas ficam fofinhas e são uma delícia.
¶ O limão deve ser colocado apenas no bacalhau, nunca no molho.

RECEITAS DE LISBOA 69

Pataniscas
de Bacalhau

Rissoles de Camarão

RENDIMENTO: 50 RISSOLES

INGREDIENTES DO RECHEIO

500 g de camarão limpo
1 cebola pequena picadinha
1 colher de chá de alho picadinho
2 colheres de sopa de óleo
sal e pimenta-do-reino a gosto
1 tomate grande picadinho
½ pimentão médio picadinho
1 colher de sopa de cheiro-verde
1 colher de chá de noz-moscada
2 colheres de sopa de farinha de trigo
1 xícara de chá quase cheia de água

INGREDIENTES DA MASSA

1 l de leite
1 l de água
½ xícara de manteiga
1 colher de chá de sal
1 kg de farinha de trigo
3 ovos batidos
1 ¼ de xícara de farinha de rosca
1 l de óleo

UTENSÍLIOS NECESSÁRIOS

2 panelas | travessa | rolo para abrir massa | copo

MODO DE PREPARAR O RECHEIO

1. Corte os camarões em pedaços pequenos.
2. Em uma panela, refogue bem a cebola e o alho no óleo, junte os camarões, acrescente o sal, a pimenta, o tomate, o pimentão, o cheiro-verde e a noz-moscada.
3. Deixe cozinhar por 15 minutos no caldinho que minou do tomate.
4. Junte a farinha de trigo com a água e adicione essa mistura aos camarões.
5. Deixe ferver e acerte o tempero.
6. Coloque em uma travessa e deixe esfriar bem.

MODO DE PREPARAR A MASSA

1. Em uma panela, leve ao fogo o leite, a água, a manteiga e o sal.
2. Logo que ferver, despeje de uma só vez a farinha de trigo e mexa bem até a massa soltar do fundo da panela.
3. Retire a massa do fogo e deixe esfriar completamente.
4. Com as mãos, faça 2 ou 3 bolas de massa.
5. Coloque as bolas de massa em cima de uma bancada de mármore

ou inox e, com o rolo, estique
bem firme.

6.Com um copo, corte a massa em círculos.

7.Preencha cada círculo com uma colher de sobremesa de recheio.

8.Feche o rissole, passe no ovo e na farinha de rosca.

9.Frite em óleo quente.

Segredinho

¶ Para que a massa do rissole não ganhe buracos, tem de ficar bem apertadinha.

Arroz-Doce

Arroz-Doce

RENDIMENTO: 15 PORÇÕES

INGREDIENTES
½ l de água
tiras da casca de 1 limão grande
2 ½ xícaras de arroz lavado
2 l de leite
½ xícara de manteiga
6 gemas
3 xícaras de açúcar
2 colheres de sopa de canela em pó

UTENSÍLIOS NECESSÁRIOS
panela | batedor | tigelas individuais

MODO DE PREPARAR
1. Coloque a água no fogo, em uma panela, com as cascas do limão em tiras de 1 cm de largura e o arroz, e deixe ferver.
2. Quando o arroz começar a secar, adicione o leite e vá mexendo. Reserve 1 xícara de leite.
3. Deixe ferver bastante, até ficar bem cozido, e junte a manteiga.
4. Bata as gemas com 1 colher de sopa de açúcar, junte o leite que ficou reservado e misture bem.
5. Adicione a mistura de gemas ao arroz e deixe ferver por aproximadamente 5 minutos.
6. Quando estiver bem cozido, acrescente o restante do açúcar, misture e apague o fogo.
7. Disponha o arroz-doce, ainda quente, em tigelas individuais e polvilhe com canela em pó.

Segredinhos

¶ Depois de acrescentar o açúcar, o arroz não cozinha mais. Então, só junte o açúcar depois que o arroz estiver bem cozido.

¶ Em Portugal, há muitos tachinhos pequeninos em cerâmica. São lindos! Se não os tem, pode usar pratinhos ou tacinhas para servir o arroz-doce.

Merendeira Doce

RENDIMENTO: 30 MERENDEIRAS

INGREDIENTES

500 g de abóbora picada
1 ½ l de água
2 kg de farinha de trigo
1 kg de farinha de milho (fubá)
1 kg de açúcar
1 colher de sopa de canela
2 colheres de sopa de manteiga
2 tabletes de fermento Fleischmann®
1 pacotinho de erva-doce
1 colher de sopa de sal
1 colher de sopa de raspa de limão
1 xícara de uvas-passas
1 xícara de nozes picadas
5 gemas

UTENSÍLIOS NECESSÁRIOS:
panela | assadeira | pincel

MODO DE PREPARAR

1. Cozinhe a abóbora em uma panela com água até que se desmanche toda.
2. Deixe a água esfriar e junte mais água até completar 1,5 l.
3. Junte todos os ingredientes, menos as passas, as nozes e as gemas, e amasse bem.
4. Depois de bem amassados, misture as passas e as nozes.
5. Deixe descansar por 2 a 3 horas e faça a reza.
6. Depois que a massa levedar, prepare as bolinhas em uma assadeira, pincele-as com as gemas e leve-as para assar.

Segredinhos

¶ Em Portugal, as merendeiras doces são tradição no Dia de Todos os Santos. Quando estão assando no forno, o cheirinho vai longe.

¶ Para ajudar a massa a crescer, faça a reza do pão, que está na receita do pão saloio (ver p. 38).

Pudim de Laranja

RENDIMENTO: 10 PORÇÕES

INGREDIENTES

3 xícaras de leite
raspas de casca de 1 laranja
1 galho de hortelã
1 xícara de açúcar
para caramelo
algumas gotas de suco
de limão
4 ovos inteiros
6 gemas
2 ¼ de xícaras de açúcar

UTENSÍLIOS NECESSÁRIOS

2 panelas pequenas | fôrma de pudim | tigela | peneira

MODO DE PREPARAR

1. Em uma panela pequena, ferva o leite com as raspas de laranja e o galho de hortelã.
2. Retire do fogo e deixe esfriar. Descarte as raspas e o galho de hortelã. Reserve.
3. Na outra panela, leve ao fogo o açúcar com um pouquinho de água.
4. Deixe ferver, mexendo de vez em quando, até o ponto de caramelo.
5. Retire esse caramelo do fogo, adicione as gotas de suco de limão, espalhe em uma fôrma de pudim e deixe esfriar.
6. Em uma tigela, misture os ovos com as gemas, o açúcar e o leite fervido reservado.
7. Passe esse preparado pela peneira e coloque na fôrma caramelada.
8. Leve ao forno a 150 °C e asse por cerca de 1 hora.
9. Deixe esfriar e desenforme.

Primeiras receitas da Gruta

Açorda de Bacalhau

RENDIMENTO: 2 PORÇÕES

INGREDIENTES

300 g de bacalhau em pedaços
1 l de água
6 dentes de alho inteiros
1 cebola grande picada
4 colheres de sopa de azeite
1 ½ xícara de pão dormido picadinho, de preferência sacadura
6 ovos
cheiro-verde e coentro opcionais

UTENSÍLIOS NECESSÁRIOS

2 panelas

MODO DE PREPARAR

1. Em uma panela, cozinhe o bacalhau, escorra e reserve a água e o bacalhau, separadamente.
2. Ferva o alho na água de cozimento do bacalhau.
3. À parte, em outra panela, refogue a cebola no azeite.
4. Adicione o refogado de cebola à água e retire o alho.
5. Em seguida, junte os pedacinhos de pão à água e deixe ferver por poucos minutos.
6. Retire a panela do fogo, amasse o pão e acrescente o bacalhau.
7. Junte os ovos, mexa bem e deixe ferver.
8. Coloque o cheiro-verde ou coentro, após desligar o fogo.

Segredinhos

¶ Quando for usar os ovos, quebre-os um a um para verificar se não há algum estragado.

¶ Açorda é um prato muito forte e deve ser comido no inverno, isto é, no tempo mais fresco.

Bacalhau à Doré

RENDIMENTO: 4 PORÇÕES

INGREDIENTES
800 g de bacalhau
800 g de batata descascada e cortada ao meio
2 cebolas médias cortadas ao meio
2 colheres de sopa de farinha de trigo
4 ovos batidos
2 xícaras de azeite
1 molho de brócolis cozido
2 cenouras cozidas cortadas em palito
2 ovos cozidos
3 dentes de alho picadinhos e fritos

UTENSÍLIOS NECESSÁRIOS
panela | frigideira | 2 travessas

MODO DE PREPARAR
1. Depois de bem demolhado, ferva, em uma panela, o bacalhau, a batata e a cebola durante 5 minutos.
2. Tire a pele e as espinhas do bacalhau.
3. Corte 4 postas de bacalhau, envolva-as com a farinha de trigo e passe-as no ovo.
4. Em uma frigideira, frite-as no azeite bem quente até ficarem bem douradinhas.
5. Para servir, forre cada uma das travessas com batatas e brócolis; depois, coloque o bacalhau; os palitos de cenoura, as cebolas e ovos cozidos vão ao lado.
6. Por cima de tudo vai o alho frito com bastante azeite (parecendo amêndoa picadinha). Para 4 pessoas, arrume tudo em 2 travessas.

Bacalhau à Espanhola

RENDIMENTO: 4 PORÇÕES

INGREDIENTES

500 g de batata descascada (de preferência unidades pequenas)
500 g de bacalhau em lascas grandes
4 cebolas grandes picadas
700 g de tomate maduro cortado em quadradinhos ou em tiras
3 colheres de sopa de pimentão verde picadinho
1 colher de sobremesa de alho picadinho
1 pitada de pimenta-do-reino
1 colher de sopa de colorau
1 colher de sopa de cheiro-verde
½ lata de ervilha
2 colheres de sopa de azeite
8 azeitonas pretas
2 ovos cozidos

UTENSÍLIOS NECESSÁRIOS

panela | travessa

MODO DE PREPARAR

1. Cozinhe bem as batatas e o bacalhau na mesma panela.
2. Corte as batatas em rodelinhas.
3. Em uma travessa, vá intercalando camadas de batata, cebola, tomate, pimentão, alho picadinho e uma camada de lascas de bacalhau.
4. Repita o procedimento de modo que a última camada seja de bacalhau.
5. Cubra com bastante cebola, pimenta-do-reino, pimentão, colorau, cheiro-verde, ervilha e azeite.
6. Deixe ensopar no fogo até ficar com pouco caldo, mas que este fique cremoso.
7. Enfeite com as azeitonas e os ovos cozidos.

PRIMEIRAS RECEITAS DA GRUTA 81

Bacalhau à
Espanhola

Bacalhau à Portuguesa

RENDIMENTO: 6 PORÇÕES

INGREDIENTES

2 kg de batata
3 cebolas médias
1,5 kg de bacalhau
6 ovos
2 molhos de couve ou de brócolis
3 dentes de alho
1 xícara de azeite para fritar

UTENSÍLIOS NECESSÁRIOS

panela | travessa

MODO DE PREPARAR

1. Coloque no fogo uma panela com as batatas descascadas e cortadas ao meio no sentido do comprimento.
2. Quando estiverem fervendo, acrescente as cebolas, o bacalhau e os ovos.
3. Quando a espinha do bacalhau começar a soltar, retire-o do fogo, escorra-o e reserve-o.
4. Volte com a água escorrida para o fogo, deixe ferver novamente e junte a couve, deixando cozer sem tampa.
5. Sirva tudo em uma travessa, primeiro as batatas, a couve a seguir, depois o bacalhau.
6. Corte os ovos ao meio, distribua-os pela travessa e despeje o alho por cima, frito no azeite ou cru.

Segredinho

¶ Meu saudoso pai, durante os 29 anos que vivi em Portugal, sempre jantou batatas com bacalhau; umas vezes com couve, outras com brócolis, e também com feijão-verde. Suas partes preferidas eram os rabos e as badanas. Tinha bom gosto de fato. São as mais saborosas.

Bolinho de Bacalhau

RENDIMENTO: 1 kg DE MASSA
(25 BOLINHOS, EM MÉDIA)

INGREDIENTES

500 g de batata cozida e amassada (asterix ou similar)
500 g de bacalhau cozido e desfiado
6 ovos
1 maço de cheiro-verde picadinho
alho picadinho a gosto
óleo para fritar

UTENSÍLIOS NECESSÁRIOS

recipiente | colher

MODO DE PREPARAR

1. Em um recipiente, coloque a batata amassada, o bacalhau, os ovos, o cheiro-verde e o alho.
2. Misture tudo até obter uma liga homogênea.
3. Enrole bolinhos com a mão ou modele-os com uma colher.
4. Leve-os a fritar a 200 °C.

Segredinhos

¶ Para que o bacalhau fique bem desfiado, coloque-o em um pano de prato e vá apertando. Desse modo, não fica nenhuma espinha.
¶ A massa estará no ponto quando ficar bem durinha.
¶ Eu moldo os bolinhos com a ajuda de duas colheres de sopa.

Bolinho
de Bacalhau

PRIMEIRAS RECEITAS DA GRUTA 85

Caldo Verde

RENDIMENTO: 6 PORÇÕES

INGREDIENTES

1 l de água
1 kg de batata
1 paio de boa qualidade
1 cebola grande cortada em pedaços pequenos
1 dente de alho picadinho (opcional)
2 maços de couve
7 colheres de sopa de azeite
sal a gosto

UTENSÍLIOS NECESSÁRIOS

panela | liquidificador

MODO DE PREPARAR

1. Coloque no fogo, em uma panela, as batatas, o paio, a cebola e o alho, e deixe ferver por aproximadamente 30 minutos.
2. Enquanto isso, lave bem as folhas de couve e corte-as o mais finamente possível. Reserve.
3. Quando todos os ingredientes da sopa estiverem cozidos, passe no liquidificador até formar um purê bem fininho.
4. Coloque esse purê novamente na panela e deixe ferver.
5. Logo que levantar fervura, adicione a couve, o azeite e o sal, e deixe cozinhar por 5 minutos em panela destampada.

Segredinhos

¶ Quanto mais fininhas as folhas de couve estiverem cortadas, mais saborosa a sopa.

¶ Cozinhar a couve em panela destampada deixa a folha ainda mais verdinha que quando entrou na panela.

¶ Quando for servir, coloque um fiozinho de azeite por cima.

Risoto de Bacalhau

RENDIMENTO: 6 PORÇÕES

INGREDIENTES
2 xícaras de arroz branco
1 cebola grande picada
1 colher de sobremesa de alho
4 colheres de sopa de azeite
2 tomates médios picadinhos
1 pitada de pimenta-do-reino
4 xícaras de água
600 g de bacalhau cru em lascas, sem espinhas
3 cenouras médias cozidas picadinhas
1 lata de ervilhas
sal e pimenta-do-reino a gosto
1 colher de chá de cheiro-verde
1 pedacinho de pimentão verde picado (opcional)
1 pacotinho de batata palha
3 ovos cozidos cortados em rodelas
12 azeitonas pretas

UTENSÍLIOS NECESSÁRIOS
panela | travessa

MODO DE PREPARAR
1. Lave o arroz e reserve.
2. Refogue, em uma panela, a cebola e o alho no azeite até dourarem.
3. Acrescente, então, o tomate, a pimenta-do-reino e a água, e deixe ferver.
4. Adicione o bacalhau e o arroz reservado, e deixe ferver novamente.
5. Quando o arroz estiver quase cozido, junte as cenouras e as ervilhas. Verifique o sal e a pimenta.
6. Depois de cozido, coloque em uma travessa, salpique o cheiro-verde, o pimentão e a batata palha, e enfeite com os ovos e as azeitonas.

Segredinhos

¶ O risoto pode ser servido com salada de pepino, rúcula e alface-americana.

¶ Use as badanas de bacalhau. Essas partes são as que têm mais sabor.

¶ A batata palha deixa o risoto bem crocante e muito gostoso mesmo.

Risoto
de Bacalhau

Sardinhas de Escabeche

RENDIMENTO: 4 PORÇÕES

INGREDIENTES

12 sardinhas médias
4 cebolas grandes cortadas em rodelas
3 ou 4 galhinhos de salsa
algumas gotas de vinagre
3 dentes de alho cortados em lâminas
1 pitada de colorau
1 pitadinha de pimenta-do-reino
sal a gosto
4 folhas de louro
1 tomate bem vermelho
4 ou 5 tirinhas de pimentão vermelho
4 xícaras de vinho
4 colheres de sopa de azeite

UTENSÍLIO NECESSÁRIO

assadeira de cerâmica ou refratário

MODO DE PREPARAR

1. Lave muito bem as sardinhas, retirando as vísceras e as escamas.
2. Em uma assadeira de cerâmica ou refratário, disponha as rodelas de cebola de modo que cubram todo o fundo.
3. Coloque as sardinhas e cubra com mais rodelas de cebola, salsa e vinagre.
4. Salpique o alho, o colorau, a pimenta e o sal, e distribua as folhinhas de louro, o tomate cortado grosseiramente e o pimentão, intercalando com as sardinhas.
5. Em seguida, despeje o vinho e, por último, regue bem com o azeite.
6. Leve ao forno até o molho ficar bem reduzido.

Segredinho

¶ Quando tudo estiver ficando bem moreninho é porque está assado.

Sardinhas de Escabeche

PRIMEIRAS RECEITAS DA GRUTA 91

Bolo de Abóbora

RENDIMENTO: 10 PORÇÕES

INGREDIENTES
4 ovos inteiros
1 ¼ de xícara de açúcar
2 colheres de sopa de óleo
1,5 kg de abóbora cozida cortada em pedaços
2 xícaras bem cheias de farinha de trigo
2 colheres de sobremesa de fermento em pó
1 pitada de sal
3 colheres de café de canela
1 xícara de nozes moídas

UTENSÍLIOS NECESSÁRIOS
tigela | fôrma com buraco no meio

MODO DE PREPARAR
1. Bata os ovos com o açúcar e o óleo até formar uma massa.
2. Em uma tigela, coloque a abóbora e adicione a massa.
3. Acrescente os outros ingredientes e misture tudo muito bem.
4. Coloque a massa em uma fôrma com buraco no meio e leve ao forno por 40 minutos.

Segredinhos

¶ A abóbora deve estar muito bem cozida... desmanchando... e muito bem escorrida. Não deixe restos de água na abóbora.

¶ Em Portugal, usa-se a gila – tipo de abóbora próprio para doces.

¶ Só desenforme o bolo depois de frio e polvilhe-o com açúcar. Fica lindo!

¶ Não se esqueça de untar a fôrma com manteiga e polvilhar com farinha.

Bacalhau à Lagareira com Batatas ao Murro

RENDIMENTO: 2 PORÇÕES

INGREDIENTES

3 lombos de bacalhau
3 cebolas médias
1 ¼ de xícara de azeite
3 dentes de alho
1 pitadinha de pimenta-do-reino
1 pitadinha de colorau
1 colher de chá de salsa picada
6 azeitonas pretas
3 folhas de louro
6 batatas pequenas
sal a gosto
sal grosso para salpicar

UTENSÍLIOS NECESSÁRIOS

panela | 2 assadeiras

MODO DE PREPARAR

1. Demolhe o bacalhau por no mínimo 40 horas, trocando a água várias vezes.
2. Coza-o em uma panela com água e retire as espinhas e peles.
3. Corte as cebolas em meias-luas e frite-as com uma parte do azeite.
4. Soque 1 dente de alho, misture à cebola e deixe murchar.
5. Despeje a mistura de alho e cebola na assadeira, com os lombos de bacalhau.
6. Adicione a pimenta-do-reino, o colorau, a salsa, os 2 dentes de alho restantes cortados em lâminas, as azeitonas e o restante do azeite.
7. Acrescente as folhas de louro nos lados do bacalhau.
8. Leve a assadeira ao forno a 200 °C.
9. Lave muito bem as batatas com a casca.
10. Leve-as para cozinhar em uma panela com água e sal, tendo o cuidado de não deixar que se desmanchem.
11. Coloque as batatas em outra assadeira, salpique sal grosso e leve ao forno para alourar.
12. Na hora de servir, coloque 1 ou 2 batatas no prato e, com um guardanapo de papel, dê uma amassadinha.
13. Derrame o bacalhau com o molho sobre as batatas e sirva.

Segredinhos

¶ A água para demolhar o bacalhau deve ser trocada várias vezes e estar sempre bem gelada para não criar odor.
¶ Não esqueça: as batatas devem ser muito bem lavadas porque serão comidas com casca.
¶ E o tal murro? Trata-se apenas de uma amassadinha!

PRIMEIRAS RECEITAS DA GRUTA 95

Bacalhau à Lagareira com Batatas ao Murro

Receitas tradicionais
e contemporâneas

Arroz à Valenciana

RENDIMENTO: 8 PORÇÕES

INGREDIENTES

400 g de marisco
500 g de camarão
250 g de lula
500 g de amêijoa
4 xícaras de água
500 g de carne de porco
1 kg de frango
4 colheres de sopa de manteiga
2 cebolas grandes picadas
2 dentes de alho amassados
1 folha de louro
1 pimentão
3 tomates pequenos bem picadinhos
pimenta-do-reino e sal a gosto
salsinha a gosto
1 lata de ervilha
500 g de arroz lavado

UTENSÍLIOS NECESSÁRIOS

2 panelas | escorredor

MODO DE PREPARAR

1. Cozinhe, em uma panela, os frutos do mar e escorra. Reserve a água e os frutos do mar, separadamente.
2. Cozinhe a carne de porco e a de frango, e corte-as em pedaços. Reserve.
3. Em outra panela, refogue na manteiga a cebola, o alho, o louro e o pimentão.
4. Quando o refogado estiver bem lourinho, junte o tomate, a pimenta-do-reino, o sal, a salsinha e a ervilha, e acrescente o caldo dos frutos do mar.
5. Logo em seguida junte o arroz, as carnes e, por último, os frutos do mar.

Segredinhos

¶ Se quiser, acrescente ao caldo coado dos frutos do mar 1 copo de vinho branco ou algumas gotas de um bom vinagre.

¶ Pode deixar algumas amêijoas e alguns camarões com casca.

¶ Sirva com batatinhas bem fritinhas e sequinhas.

Atum de Escabeche

RENDIMENTO: 2 PORÇÕES

INGREDIENTES

180 g de filé de atum limpo e sem pele
½ cebola média cortada em tirinhas bem finas
4 colheres de sopa de vinagre tinto ou branco
2 colheres de sopa de azeite extravirgem
sal a gosto
pimenta-do-reino a gosto
1 colher de sopa de salsinha picada

UTENSÍLIOS NECESSÁRIOS

frigideira | vasilha ou bowl | travessa

MODO DE PREPARAR

1. Em uma frigideira, cozinhe o atum com pouco sal e reserve.
2. Coloque em uma vasilha a cebola, o vinagre, o azeite, o sal, a pimenta-do-reino e a salsa picada.
3. Acrescente o atum reservado, misture tudo e sirva em uma travessa.

Segredinho

¶ A quantidade de vinagre deve ser sempre o dobro da de azeite.

Atum de
Escabeche

RECEITAS TRADICIONAIS E CONTEMPORÂNEAS 101

Bacalhau à Gomes de Sá

RENDIMENTO: 2 PORÇÕES

INGREDIENTES

1 cebola média cortada em tirinhas
1 colher de chá de alho picado
3 colheres de sopa de azeite extravirgem
150 g de batatas cozidas cortadas em cubos
300 g de bacalhau cozido, limpo, sem pele, sem espinhas e em lascas
pimenta-do-reino a gosto
sal a gosto
2 ovos inteiros cozidos
salsinha a gosto picada
12 azeitonas pretas
azeite para regar

UTENSÍLIOS NECESSÁRIOS

frigideira | travessa

MODO DE PREPARAR

1. Refogue a cebola e o alho na frigideira com o azeite até aloirar.
2. Coloque as batatas e misture tudo.
3. Acrescente o bacalhau e a pimenta-do-reino e acerte o sal.
4. Deixe o refogado pegar gosto.
5. Passe tudo para a travessa.
6. Fatie os ovos e acrescente-os ao prato com a salsinha e as azeitonas.
7. Para finalizar, regue com um pouco de azeite.

Bacalhau à Zé do Pipo da Dona Henriqueta

RENDIMENTO: 3 PORÇÕES

INGREDIENTES

4 batatas grandes cozidas
0,5 l de leite
1 cebola grande
2 dentes de alho picados
400 g de bacalhau em lascas sem pele e sem espinhas
pimenta-do-reino a gosto
1 colher de sopa de cheiro-
-verde picado
sal a gosto
5 colheres de sopa de maionese

UTENSÍLIOS NECESSÁRIOS

panela | frigideira | travessa refratária | saco de confeiteiro

MODO DE PREPARAR

1. Cozinhe, em uma panela, as batatas e junte a quantidade suficiente de leite para fazer um purê bem liso e fino. Reserve um pouco do purê para a decoração com o saco de confeiteiro.
2. Em uma frigideira, refogue a cebola e o alho picado e coloque as lascas do bacalhau. Jogue nesse molhinho o leite que sobrou do purê.
3. Adicione a pimenta-do-reino e o cheiro-verde.
4. Agora vamos colocar na travessa. Primeiro o purê e, em seguida, o molhinho da cebola com o alho, as lascas de bacalhau e o leite.
5. Confira o sal.
6. Cubra tudo com maionese.
7. Em um saquinho de confeiteiro coloque o purê reservado, para enfeitar as bordas da travessa.
8. Leve ao forno a 200 °C e deixe assar lentamente por 25 minutos. O prato fica lindo!

Segredinho

¶ Se você não tiver um saquinho de confeiteiro, pode ser usado um saco plástico com um furinho em uma das pontas.

Bacalhau à Zé do Pipo da Dona Henriqueta

Caldeirada de Frutos do Mar

RENDIMENTO: 2 PORÇÕES

INGREDIENTES

4 colheres de sopa de azeite
1 cebola cortada em cubinhos
3 tomates sem pele e sem sementes cortados em cubinhos
2 batatas médias cozidas cortadas em fatias
1 dente de alho picado
300 ml de caldo de peixe
170 g de camarões pequenos
200 g de polvo cozido
150 g de lulas cozidas
180 g de cherne em filé
100 ml de molho de tomate
coentro e cheiro-verde picados a gosto
sal a gosto
pimenta-do-reino a gosto moída na hora
azeite para regar

UTENSÍLIO NECESSÁRIO

panela (cataplana, frigideira ou refratário que possa ser levado ao fogo)

MODO DE PREPARAR

1. Em uma panela coloque o azeite, a cebola, os tomates, as batatas, o alho e o caldo de peixe.
2. Leve a panela para ferver em fogo médio.
3. Acrescente os frutos do mar, o molho de tomate, o coentro e o cheiro-verde.
4. Acerte o sal e a pimenta-do--reino.
5. Deixe reduzir por cerca de 20 minutos.
6. Para finalizar, regue com um pouco de azeite.

Cabrito ou Borrego Assado

RENDIMENTO: 8 PORÇÕES

INGREDIENTES
3 kg de carne de cabrito
(de preferência perna)
8 dentes de alho cortados
em lâminas
1 colher de chá de colorau
sal a gosto
4 colheres de sopa de
azeite virgem
1 pitadinha de pimenta-do-reino
1 colher de chá de cominho
1 raminho de salsa
1 galhinho de alecrim
1 colher de sopa de banha
ou de manteiga
1 copo de vinho branco

UTENSÍLIOS NECESSÁRIOS
travessa | assadeira

MODO DE PREPARAR
1. Faça furinhos na carne e reserve.
2. Misture todos os ingredientes (reserve um pouco do vinho) e amasse-os bastante até formar uma pasta.
3. Unte todo o cabrito com essa pasta e deixe descansar por 3 a 4 horas na travessa.
4. Leve a assadeira com o cabrito ao forno a 160 ºC.
5. Com o vinho reservado, vá regando o cabrito enquanto assa.

Segredinho
¶ Esse prato é mais gostoso ainda se acompanhado com arroz branquinho e batatinha portuguesa.

Cataplana de Cherne com Camarão VG

RENDIMENTO: 2 PORÇÕES

INGREDIENTES
2 colheres de sopa de alho fatiado
50 g de manteiga
50 ml de azeite extravirgem
500 g de cherne em filé, sem pele e sem espinhas
coentro rasgado a gosto
sal a gosto
pimenta-do-reino a gosto
suco de ½ limão
50 ml de vinho branco (Sauvignon Blanc)
4 camarões grandes (VG) descascados e sem tripas

UTENSÍLIO NECESSÁRIO
frigideira (caçarola ou cataplana)

MODO DE PREPARAR
1. Em uma frigideira, refogue o alho na manteiga e no azeite, para fazer um molho.
2. Coloque o cherne em pedaços, para cozinhar nesse molho.
3. Adicione o coentro rasgado, o sal, a pimenta-do-reino, o suco do limão e o vinho branco.
4. Deixe cozinhar até o peixe ficar macio.
5. Acrescente os camarões sem deixar que cozinhem por muito tempo.

Segredinhos
¶ Quando o camarão mudar de cor, tampe a frigideira e espere 2 minutos para servir.
¶ Para quem se preocupa com o gosto concentrado do coentro: nesse prato isso não acontece por causa da mistura do limão com o azeite extravirgem.

Cataplana de Cherne com Camarão VG

Fettuccine de Lagostins

RENDIMENTO: 2 PORÇÕES

INGREDIENTES

200 g de lagostins limpos e sem tripas
2 colheres de sopa de cebola cortada em cubinhos
6 colheres de sopa de tomate cortado em cubinhos
2 colheres de sopa de azeite extravirgem
70 ml de caldo de cozimento das cabeças e cascas dos lagostins sem tempero
2 colheres de sopa de molho de tomate
70 g de massa fettuccine italiana
sal a gosto
1 colher de sopa de manteiga
folhas de coentro picadas
manteiga e flor de sal a gosto

UTENSÍLIOS NECESSÁRIOS

2 panelas | frigideira

MODO DE PREPARAR

1. Separe as cabeças e cascas dos lagostins.
2. Em uma panela cozinhe as cabeças dos lagostins somente em água e reserve 70 ml desse caldo.
3. Em uma frigideira, refogue a cebola e o tomate no azeite.
4. Deixe reduzir e adicione o caldo de cozimento das cabeças dos lagostins reservado.
5. Acrescente o molho de tomate e deixe cozinhar.
6. Em outra panela, cozinhe a massa fettuccine com sal a gosto e reserve.
7. Quando o molho tomar corpo, coloque a manteiga, o coentro e a massa reservada.
8. Doure os lagostins em manteiga e flor de sal para usá-los como enfeite sobre o fettuccine.

110 COZINHAR É PRECISO

Fettuccine
de Lagostim

RECEITAS TRADICIONAIS E CONTEMPORÂNEAS 111

Mão de Vaca com Feijão--Branco

RENDIMENTO: 6 PORÇÕES

INGREDIENTES

1 kg de feijão-branco
2 mãos de vaca (mocotó)
5 xícaras de água
100 g de chouriço ou paio inteiro
100 g de bacon, cortado em tiras de 3 cm de largura
2 folhas de louro
1 colher de sopa de manteiga ou margarina
2 colheres de sopa de azeite
2 cebolas grandes picadas
1 colher de chá de alho bem picadinho
1 colher de chá de colorau
2 colheres de vinho branco
sal e pimenta-do-reino a gosto
4 tomates médios sem pele nem sementes, bem picadinhos
3 cenouras médias picadas
1 maço de cheiro-verde picadinho

UTENSÍLIOS NECESSÁRIOS

panela de pressão | 2 panelas

MODO DE PREPARAR

1. Ponha o feijão de molho na véspera.
2. Em uma panela de pressão, coloque na água o mocotó bem lavadinho e deixe ferver por aproximadamente 15 minutos.
3. Apague o fogo, deixe a panela perder a pressão, abra e corte toda a carne em pedacinhos. Reserve.
4. Cozinhe em uma panela o chouriço, com o feijão, o bacon e as folhas de louro. Reserve o feijão e as carnes separadamente.
5. Em outra panela, refogue na manteiga com azeite a cebola e o alho.
6. Acrescente o colorau, o vinho, o sal e a pimenta, junte o mocotó picadinho e o feijão e deixe ferver.
7. Adicione o tomate e a cenoura, acrescente o bacon e o chouriço, e deixe ferver mais um pouco.
8. Prove para ver se já está no ponto, apague o fogo e coloque o cheiro-verde.

Segredinhos

¶ Quando picar a carne do mocotó, cuide para que alguns pedaços fiquem bem pequenos e que outros fiquem com o pedacinho de osso. Fica bonito e dá um bom aspecto.

¶ O cheiro-verde só deve ser colocado quando o fogo já estiver apagado porque, assim, permanece verdinho.

¶ Acompanhe com uma salada e, se gostar, pode servir arroz branco e enfeitar com azeitonas pretas.

Salmão Assado na Brasa

RENDIMENTO: 2 PORÇÕES

INGREDIENTES
400 g de filé de salmão fresco com pele
1 colher de sopa de azeite para pincelar
1 colher de sobremesa de sal grosso
2 colheres de sopa de manteiga
1 colher de sopa de alcaparras

UTENSÍLIOS NECESSÁRIOS
pincel | grelha | panela

MODO DE PREPARAR
1. Após pincelar o salmão com azeite, passe-o no sal grosso.
2. Coloque o salmão na grelha com a parte da pele voltada para baixo, até que ela fique tostada.
3. Retire a pele e leve novamente o salmão ao fogo.
4. Verifique, com a ponta da faca, se o salmão está assado por dentro.
5. Derreta a manteiga e as alcaparras em uma panela e derrame por cima do salmão.

Segredinhos

¶ Quanto mais tostada, mais fácil é retirar a pele do salmão.

¶ Arroz com brócolis fica muito bom para acompanhar.

¶ Batatas à mediterrânea também acompanham bem o prato. Colocam-se as batatas já cozidas e fatiadas em um tabuleiro, salpicam-se raminhos de alecrim, sal grosso e manteiga ou azeite, e deixa-se dourar no forno. Ao retirá-las do forno, salpicar salsa picadinha.

RECEITAS TRADICIONAIS E CONTEMPORÂNEAS 115

Salmão Assado
na Brasa

Pão de Ló

RENDIMENTO: 8 PORÇÕES

INGREDIENTES

manteiga suficiente para untar a fôrma
8 colheres de sopa de farinha de trigo
8 ovos (claras e gemas separadas)
8 colheres de sopa de açúcar
raspas de limão
1 colher de chá de fermento em pó

UTENSÍLIOS NECESSÁRIOS

fôrma | 2 tigelas

MODO DE PREPARAR

1. Unte a fôrma com manteiga e, em seguida, polvilhe com um pouco de farinha.
2. Em uma tigela, bata as claras em castelo, bem firmes.
3. Em outra tigela, misture bem as gemas com o açúcar e as raspas de limão, e adicione, aos poucos e bem devagarzinho, a farinha misturada com o fermento.
4. Por último, acrescente as claras.
5. Leve ao forno, deixe assar e só desenforme quando estiver frio.

Segredinhos

¶ Depois de untar e polvilhar a fôrma, dê uma sacudida para retirar o excesso de farinha.

¶ Claras em castelo é como chamamos, em Portugal, as claras em neve brasileiras.

Atum na Brasa

RENDIMENTO: 2 PORÇÕES

INGREDIENTES

500 g de filé de atum fresco
(de preferência, patudo ou albacora)
2 colheres de sopa de azeite
extravirgem
flor de sal a gosto

UTENSÍLIOS NECESSÁRIOS

pincel de náilon | grelha

MODO DE PREPARAR

1. Pincele os filés com azeite e salpique flor de sal a seu gosto.
2. Leve à grelha para assar.

Segredinhos

¶ O segredo dessa receita é usar um braseiro bem baixo, distante da grelha, e vigiar o ponto do peixe o tempo todo. A textura ideal fica entre malpassado e ao ponto.

¶ Os acompanhamentos para esse prato são: uma bela salada de folhas, aspargos grelhados, vagem francesa ou uma batata assada no forno na manteiga com alecrim.

Bacalhau à Gruta de Santo Antônio

RENDIMENTO: 2 PORÇÕES

INGREDIENTES
6 colheres de sopa de azeite extravirgem
4 cebolas médias cortadas em tiras
2 colheres de sopa de alho laminado
4 camarões VG descascados, com a ponta do rabo
sal a gosto
3 batatas grandes cozidas cortadas em rodelas
500 g de lombo de bacalhau cozido, sem pele e sem espinhas
3 ovos cozidos cortados ao meio
1 cenoura grande cozida cortada em tiras
150g de brócolis americanos cozidos
azeitonas pretas portuguesas a gosto
salsa picada a gosto

UTENSÍLIOS NECESSÁRIOS
3 frigideiras | travessa de cerâmica

MODO DE PREPARAR
1. Primeiro o molho: disponha em uma frigideira com bastante azeite a cebola e o alho até dourar. Reserve.
2. Em outra frigideira, passe os camarões no azeite, salpique sal, frite-os e junte-os ao molho.

RECEITAS TRADICIONAIS E CONTEMPORÂNEAS 119

3. Na terceira frigideira, frite as batatas em azeite até dourarem e as espalhe no fundo de uma travessa de cerâmica.
4. Arrume o bacalhau no centro da travessa, por cima das batatas.
5. Enfeite com os ovos, a cenoura, os brócolis, as azeitonas e a salsa.
6. Disponha os camarões, sem o molho, em volta do bacalhau e acrescente o molho por cima do peixe.

Segredinho

¶ Observe a cebola e o alho enquanto refogam; estão no ponto ideal quando ganharem cor de pérola.

Camarão- -Tigre Assado na Brasa

RENDIMENTO: 2 PORÇÕES

INGREDIENTES
8 camarões frescos
flor de sal

UTENSÍLIO NECESSÁRIO
grelha

MODO DE PREPARAR
1. Corte os camarões pelas costas e limpe toda a tripa.
2. Tempere com a flor de sal.
3. Coloque-os na grelha.
4. Levante a casca e veja se já está assado e úmido.

Segredinho

¶ Sirva com uma boa salada de folhas hidropônicas e aspargos frescos.

Cherne na Brasa

RENDIMENTO: 2 PORÇÕES

INGREDIENTES
500 g de cherne fresco
1 xícara de azeite extravirgem
flor de sal

UTENSÍLIOS NECESSÁRIOS
grelha | pincel

MODO DE PREPARAR
1. Em uma grelha, coloque o peixe sem pele e espinhas.
2. Pincele com azeite extravirgem.
3. Salpique flor de sal a gosto.
4. Leve à grelha para assar.

Segredinhos

¶ O segredo está na distância da brasa para a grelha. Deixe um espaço de 8 cm e vigie o peixe para que não fique ressecado.

¶ Sirva com salada e arroz de brócolis.

Polvo na Brasa

RENDIMENTO: 4 PORÇÕES

INGREDIENTES

2 kg de polvo congelado, graúdo e bem limpo
½ l de água
1 xícara de azeite
flor de sal a gosto
1 molho de salsa picada

UTENSÍLIOS NECESSÁRIOS

panela | garfo | pincel | grelha | travessa

MODO DE PREPARAR

1. Coloque o polvo inteiro congelado em uma panela com água e deixe ferver por 30 minutos.
2. Com um garfo, levante o polvo e observe se ele está macio, se quebrando.
3. Desligue o fogo e deixe o polvo na panela com água por mais 40 minutos.
4. Corte da maneira que quiser, pincele com azeite e salpique flor de sal.
5. Leve o polvo à grelha por 2 minutos de cada lado.
6. Coloque em uma travessa e pique folhas de salsa por cima.

RECEITAS TRADICIONAIS E CONTEMPORÂNEAS 123

Índice de receitas

Açorda de Bacalhau 78
Arroz à Valenciana 98
Arroz-Doce 73
Atum de Escabeche 99
Atum na Brasa 117
Bacalhau à Doré 79
Bacalhau à Espanhola 80
Bacalhau à Gomes de Sá 102
Bacalhau à Gruta de Santo Antônio 118
Bacalhau à Lagareira com Batatas ao Murro 93
Bacalhau à Portuguesa 82
Bacalhau à Zé do Pipo da Dona Henriqueta 103
Bacalhau com Natas 65
Bacalhau Espiritual 64
Bolinho de Bacalhau 83
Bolo de Abóbora 92
Bolo de Noiva dos Montes 56
Cabrito ou Borrego Assado 106
Caldeirada de Frutos do Mar 105
Caldo Verde 86

Camarão-Tigre Assado na Brasa 120
Canja 40
Cataplana de Cherne com Camarão VG 107
Cherne na Brasa 121
Coelho Guisado 41
Cozido à Portuguesa 43
Dobradinha de Feijão-Branco 45
Favas Guisadas 47
Fettuccine de Lagostins 109
Filetes de Pescadinha à Doré 48
Filhozes 58
Frango com Caril (curry) 66
Frango na Púcara 49
Língua Estufada 67
Mão de Vaca com Feijão-Branco 112
Merendeira Doce 74
Misturadas 55
Pão de Ló 116
Pão Saloio 38
Paio Fingido 57

Pataniscas de Bacalhau **68**
Pato Escondido **50**
Polvo na Brasa **122**
Pudim de Laranja **75**
Punhetas de Bacalhau (bacalhau cru desfiado) **62**
Risoto de Bacalhau **87**
Rissoles de Camarão **70**
Salmão Assado na Brasa **114**
Sardinhas de Escabeche **89**
Sopa de Coelho **51**
Sopa de Feijão-Manteiga (sopa cor-de-rosa) **53**
Sopa de Grão-de-Bico **54**

A Editora Senac Rio publica livros nas áreas de Beleza e Estética, Ciências Humanas, Comunicação e Artes, Desenvolvimento Social, Design e Arquitetura, Educação, Gastronomia e Enologia, Gestão e Negócios, Informática, Meio Ambiente, Moda, Saúde, Turismo e Hotelaria.

Visite o site **www.rj.senac.br/editora**, escolha os títulos de sua preferência e boa leitura.

Fique atento aos nossos próximos lançamentos!

À venda nas melhores livrarias do país.

EDITORA SENAC RIO
Tel.: (21) 2018-9020 Ramal: 8516 (Comercial)
comercial.editora@rj.senac.br

FALE CONOSCO:
faleconosco@rj.senac.br

Este livro foi composto nas tipografias Fresco (Ourtype) e Capsa (Dstype), e impresso pela Coan Indústria Gráfica Ltda., em papel *couché matte* 150g/m^2, para a Editora Senac Rio, em julho de 2024.

CIP-BRASIL. CATALOGAÇÃO NA PUBLICAÇÃO
SINDICATO NACIONAL DOS EDITORES DE LIVROS, RJ

H449c
4.ed.

Henriques, Henriqueta, 1938–
   Cozinhar é preciso : a história e as receitas portuguesas de Henriqueta Henriques e da Gruta de Santo Antônio / Henriqueta Henriques . - 4. ed. - Rio de Janeiro : Ed. SENAC Rio, 2016.
   128p. : il. ;18cm

Inclui índice
ISBN 978-85-7756-381-4

   1. Henriques, Henriqueta, 1938–. 2. Gruta de Santo Antonio (Restaurante). 3. Restaurateurs– Niterói (RJ) – Biografia. 4. Culinária portuguesa. II. Título.

16-37068   CDD: 641.59469
                      CDU: 641.568(469)